U0060450

不

僕人康　著 ——————————

一樣的

老子

排除干擾，直探真意，
還老子本來面目！

你總是戴著儒、佛、道的眼鏡在看《老子》嗎？
其實，老子沒說過「天人合一」，更沒講過「修道」！

前　言

據說距今 2500 年前，周王國一個掌管國家中央圖書館的館長，眼看天下局勢將翻天覆地，決定西出函谷關，離開周朝，去了哪裡沒人知道，只知道出關之前，硬是被關長留下寫了一部《老子》。

這個故事來自漢帝國司馬遷的《史記》，很浪漫，但無從證實，可能只是傳說。2500 年來，關於老子這個人，我們知道的一直很有限，但他寫的《老子》流傳至今。

這部 5000 字的小書用字精簡優美，兼有詩詞雅韻：「上善若水」、「金玉滿堂」、「功遂身退」、「慎終如始」、「天長地久」、「大器晚成」、「寵辱若驚」、「出生入死」、「治大國若烹小鮮」、「千里之行始於足下」、「天網恢恢，疏而不失」等，佳言絕句密度之高，冠絕諸子百家，流傳 2500 多年至今仍然為人琅琅上口。

但是，由於《老子》的遣詞造句也與後世流傳的主流儒家文化經典有頗大差異，例如「玄牝」、「牝牡」、「芻狗」、「抱一」、「谷神」、「無名之樸」、「吾不知誰之子」、「吾將以為教父」、「既得其母，以知其子」、「而貴食母」（媽媽可以吃？），造成誤解的地方甚多，這就是為什麼這本書叫做《不一樣的老子》的原因。

對於以前沒讀過或讀不懂《老子》的讀者來說，本書可以讓您直探《老子》真正的意義；但對於自認為《老子》權威的讀者來說，您可能一時之間難以接受本書觀點。我建議您先靜下心想一想：您對於老子的看法，是否純粹來自於《老子》？有沒有混合其他學說？前後邏輯是否一致呢？

以第 1 章的「道可道，非常道」來說，就有非常多爭議，有人說老子的意思是「道如果可以說出來，就不是永恆的道」，既然如此，老子又何必寫 5000 字來解說呢？自己講「道」說了 5000 字，然後又說「可以說出來的道，不是永恒的道」，合理嗎？這是老子的意思嗎？

另外第 13 章「吾所以有大患者，為吾有身，及吾無身，吾有何患？」，有玄學派認為這句話的意思是「修道最高境界就是修到沒有身體，就不會有大患」，試問這樣的解釋有任何意義嗎？什麼是「修到沒有身體」？這是老子的意思嗎？

除了遣詞造句與主流經典不同之外，還有些是因為老子可能超前他的時代太多，導致當時解經者不能理解而產生爭議。但是我們拜現代科技之賜，卻很容易可以理解老子在講什麼，例如：

許多大師把「死而不亡者壽」翻譯成「身體死亡而精神不朽」，那把這樣「已經死亡但精神不朽」的人稱做「長壽」有什麼意義呢？是要我們追求精神不朽嗎？這也未免太玄、太不實際了吧！有多少人能精神不朽？其實老子「吾言甚易知，甚易行」，他的東西很簡單而直接，我們有現代生物學的知識就知道「死而不亡」的意思其實是「細胞新陳代謝」，用來說明勇於挑戰陳舊的重要，請參考本書第 33 章。

「萬物負陰而抱陽，沖氣以為和」與現代物理學帶正負電子的原子及分子結合的描述一致，請參考本書第42章。

「長之育之，亭之毒之，養之覆之」的「毒」其實真的就是在講「病毒」，是古代免疫醫學的一種做法，用來比喻「訓練、磨練」，請參考本書第51章。

其他解釋上的爭議主要來自於許多人是帶著「儒家」、「道教」或「佛教」的眼鏡來解老，於是愈解愈玄，似有若無，似是而非，虛無飄渺，前後矛盾。事實上，老子的文字自成體系，極其清楚簡單，也很直觀，並不太需要引用別家的解釋。本書原則上就是用《老子》來解釋《老子》，若引用其他文獻則以春秋或以前的為主，如甲骨文、金文、《詩經》、《易》、《論語》等。

老子認為「人性本善」嗎？
「人性本善」或「人性向善」是儒家的論點。但縱觀《老子》，老子其實認為人性有很多劣根性，甚至還有「罪」（《老子》第62章），應該是個「人性本惡」論者，

所以司馬遷在《史記》中把老子與同為「人性本惡」論的法家合併寫成「老莊申韓列傳」。老子也應該不會是「人本主義」者，而是「道本主義」者，請參考本書第12、25章。

老子什麼時候說過「天人合一」？
我翻遍《老子》，發現老子只講過「抱一」，從來沒講過「合一」，這也合理。因為在老子眼中，人何其渺小，人性問題又多，如何能與崇高的「道」合一？請看本書第10章。

同樣，老子從來也沒說過「道」可以「修」。他說過我們可以「有道」或「為道」，就是沒說過可以「修道」。綜觀《老子》，只有第54章講到「修」這個字，而且是「修德」：「修之於身，其德乃真；修之於家，其德乃餘；修之於鄉，其德乃長；修之於國，其德乃豐；修之於天下，其德乃普」。老子講修什麼可以得到什麼樣的「德」，從來沒有說修「道」。

老子要我們修煉成「聖人」嗎？
「聖人」每次在《老子》出現時，都是老子用來示範

「道」的行為，可說是「道」的「人類化身」。但是，老子又主張「絕聖棄智」，可見他只要我們「行於大道」或做一個「為道者」或「有道者」就好了，千萬別自以為是「聖人」，需要萬民崇拜，請參考本書第 19 章。

老子主張「無欲」嗎？

老子其實主張「少私寡欲」，並非「無欲」。他還贊成「有欲」哩！他認為「故常有欲以觀其徼」，「無欲」的人根本對生命經驗「無感」，請看本書第 1、11 章。

老子主張「禍福相倚」嗎？

很多人把《老子》第 58 章說的「禍兮，福之所倚」當成是老子的主張。然而，若我們仔細研讀，他其實是在批評「禍福相倚」，認為是人不守正道造成；若我們持守正道，應該會一直幸福下去。請參考第 58 章。

老子認為「人定勝天」嗎？

老子認為我們的任何事若沒有「道」，斷不能成就。他說的很清楚：「道生之，德畜之，物形之，勢成之」（第 51 章），何況「天地尚不能久，而況於人乎」，「人」怎麼能勝「天」呢？請參考本書第 23 章。

許多人認為老子主張人類可以透過修道的方法，得到高深的智慧和豐富的知識，可以洞測天機，可以得到某種神通。奇怪，老子明明說「為學日益，為道日損」、「揣而銳之，不可長保」，怎麼會喜歡豐富的知識？他還再三告誡「物壯則老，是謂不道，不道早已」，還警告若「人」妄想成為「道」，後果就是「天裂、地廢、神歇、谷竭、萬物滅、侯王蹶」。請參考本書第 39 章。

另外，我們在解老時也要注意《老子》設定的讀者是誰？這樣才能知道老子為什麼這樣講而不那樣講。綜觀《老子》，我們可以發現它設定的讀者是統治階級，至少是知識分子，而不是一般的「民」或「庶民」。這些讀者可能是：

「君子」、「王公」（第 42 章）、

「侯王」（第 37、39 章）、

「大丈夫」（第 38 章）、

「士」（第 41 章）。

這個區分很重要，否則我們看不懂老子一方面要「使民無知無欲」，另一方面又教我們「常有欲以觀其徼」。

在《老子》81 個章節中有 14 章提到「民」，份量不少。而且，從這些引文中可知：「民」只是「被統治階級」。在老子的時代，人類的社會是分成不同階級的。《老子》講到「民」的時候，就是指一般教育程度不高的庶民，也稱為「百姓」，只知道為貴族打仗及耕田，是構成一個社會的最底層的角色。

《老子》等於涵蓋了統治階級需要知道的知識，從第 1 章到第 81 章，從最基本的哲學認識論、領導管理理論、家庭教育理念、自然環保、生物科學、國防軍事、經濟發展、財政稅務、社會福利、外交政策、司法獨立等等，內容超越當時所有的知識，絕不誇張。

其實在 2200 多年前，漢帝國初期的文帝、景帝時期，老子學說曾經是主流，許多王公大臣喜歡老子到一個地步，乾脆用《老子》陪葬，如中國湖南省長沙市馬王堆《帛書老子》，可見 2200 多年前《老子》就已經是暢銷書了。

最後，如果您能在這本書中享受到這場老子的盛宴，請記得這是老子給您的，不是我。

目　錄

15

01 / 能分辨「主觀」及「客觀」，就可以打開「眾妙之門」

> 道可道，非常道。名可名，非常名。
>
> 無名天地之始；有名萬物之母。
>
> 故常無欲，以觀其妙；常有欲，以觀其徼。
>
> 此兩者，同出而異名，同謂之玄。玄之又玄，眾妙之門。

【譯文】

「道」是可以講的，但這裡要講的「道」不是一般的「道」。「名」也是可以講的，但這裡要講的「名」不是一般的「名」。

天地從「無名」開始；萬物從「有名」衍生。所以我們一般用「客觀」（無欲）來觀察天地萬物的定理；用「主觀」（有欲）來觀察我們對天地萬物的經驗。

「客觀」或「主觀」都出自人心，只是名稱不同，講起來很深奧，卻可以打開許多奧祕之門。

【說明】

本章是《老子》最基本、最重要的章節，能辨別「主觀」及「客觀」，才能幫我們打開「眾妙之門」，才能讀懂後面章節。例如，老子講「生而不有，為而不恃，長而不宰」（第10、51章），若我們不懂「主客」之別，就沒辦法理解為什麼能夠「生而不有」。

請注意：「常」若是名詞，則翻譯為「恆常、本性」；但是在「非常道」這裡是形容詞，意思為「平常的、一般的」。

我唸新聞研究所的時候，新聞學教的就是「主觀」及「客觀」的區分，並且以「客觀報導」做為採訪寫作第一專業準則。

例如：

王五與趙六打架。（主觀）

王五與趙六互有肢體拉扯。（客觀）

記者的專業報導就是要減少帶有主觀認定的文字，增加客觀成分，因為要尊重讀者的詮釋權利（部分原因是怕被告）。

能區分「主觀」及「客觀」之後，我們就比較清楚「我們認為對的，別人可不一定認為如此」。「打架」有負面意涵，但是「互有肢體拉扯」就比較中立客觀。

能分別「主觀」及「客觀」，人類的文明進步才大幅跳躍。

以前人類「主觀」以為地球是宇宙中心，太陽及眾多星系都繞地球轉圈。哥白尼（Copernicus,1473-1543) 發現從各種「客觀」證據來看，都應該是「地動說」才對。但天主教廷不能容忍「地動說」，哥白尼只敢在他去世前發表《天體運動論》，果然被列為禁書。有些宣揚「地動說」的教士更被處以火刑活活燒死。

但是真理終於得勝，西方人發現以前自以為是的觀念不一定正確，配合當時文藝復興及中產階級興起，一時之間，各種科學發現及發明、哲學理論及藝術風起雲湧，15 世紀成為東西方文明進步及落後的轉捩點！

能區分主觀及客觀之後，我們才能進一步探討「真理」，才能產生科學。我認為這是西方在 16 世紀之後，各種

知識突飛猛進的原因，因為他們打開了老子說的「眾妙之門」。

「無名為天地之始」講的是天地開始運作的定理，例如，牛頓第一運動定律、慣性定律、相對論或量子力學等，都是人類「發現」的物理定律，就算沒有牛頓或愛因斯坦「命名」那些定律，天地一開始就這樣運作了，所以「無名」為天地之始。

「有名為萬物之母」這句話也很好理解：就好比嬰兒出生最重要的是幫嬰兒取個名字吧？我們跟很多事情產生關係，都是因為「有名」。迪士尼《怪獸電力公司》中，大眼仔責怪毛怪不該幫小女孩取名叫「布」，「一旦你幫她取名字，麻煩就開始了。」很能解釋「有名為萬物之母」。

「有欲以觀其徼」裡的「徼」是「不求而得」，古代的「僥倖」就寫成「徼倖」。什麼東西可以「不求而得」？不就是「經驗」嗎？每個人的經驗，當然來自主觀的感官，所以「有欲以觀其徼」。傳統解老學者都翻譯「有欲」及「無欲」的「欲」是「慾望」或「想要」的意思，

這雖然沒錯，但沒有辦法點出認識論的重點：「主觀」及「客觀」的區分，一旦翻成「主觀」及「客觀」就很好理解老子的意思。

這後面的「此兩者同出而異名」是指「道、名」，還是「無名、有名」，還是「無欲、有欲」？大部分解經者都認為「此兩者」是「道、名」，但我認為不合邏輯。因為在《老子》中，「道」與「名」從來就不能相提並論，「道」遠高於「名」，又怎麼會「同出而異名」呢？

順著上文，「此兩者」應該是「有欲」及「無欲」，不會是「有名」及「無名」，因為「有名」及「無名」只是現象，並不會「玄之又玄」，也不會是「眾妙之門」。「眾妙之門」應該解為「無欲」（客觀）及「有欲」（主觀）的區分，所以老子才會緊接著在第 2 章談「主觀」的缺點。

02 / 「美」、「善」沒什麼了不起的！
人不要自以為是

天下皆知美之為美，斯惡已。

皆知善之為善，斯不善已。

故有無相生，難易相成，長短相較，高下相傾，音聲相和，前後相隨。

是以聖人處無為之事，行不言之教；

萬物作而弗始，生而弗有，為而弗恃，功成而弗居。

夫唯弗居，是以不去。

【譯文】

一般人都知道的「美」之所以為「美」，只是因為已經出現「惡」（醜）了；「善」之所以為「好」，只是因為已經出現「不善」（不好）了。

所以「有無」、「難易」、「長短」、「高下」、「音聲」、「前後」這些概念都是相對的，沒有什麼了不起。

因此聖人做「不自以為的事」（無為之事）及「不空口虛浮的教導」（不言之教），讓萬物自由發揮不去干預、不去擁有、不去依恃、也不居功。只有不居功，功勞才不會失去。

【說明】

「聖人」在第 2 章登場了，示範老子講的「道」。

老子在本章寫出「主觀」的問題，在於人常常自以為是，干預萬物的生長（例如：改造生物基因、濫用農藥及化學肥料）。西元 1925 年，一隻雞從出生到被屠宰要花 112 天，靠著「生物科技」，到 2014 年只需要 47 天。

人以為生了小孩，就擁有小孩的所有權，愛、恨、虐、殺全都來了，反正小孩是我生的，都要聽我的。小孩若有什麼成就，就說自己教養有功，沾沾自喜。

老子極其反對這種觀念。「作而弗始，生而弗有，為而弗恃，功成而弗居。」這套類似的話反覆出現在《老子》第 10、51、77 章，可見很重要！在第 51 章把這觀念運用在教育，很精彩。

我們可以主觀，老子並不反對主觀，他還說主觀才能觀察經驗（有欲以觀其徼），一個不主觀的人對經驗沒有感覺，但是不要自以為自己才是唯一真理。

老子並不相信「人定勝天」。他要我們知道：天下萬物的背後都有自己的運行規則，稱為「道」，成不成功由「道」決定，不是人，因為人也是「道」生出來的，別忘了老子說「王法地，地法天，天法道，道法自然」（第25 章）、「道生之，德畜之，物形之，勢成之」（第51 章）。

我們別想憑著自己那一點小小的聰明才智，做自以為是的事情。我們再有錢，死後一毛也帶不走。據說亞歷山大大帝死後要求他的棺材要挖兩個洞讓手伸出，告誡後人：再怎樣豐功偉業，死後都要兩手空空。

03／不自作聰明，「則無不治」

不尚賢，使民不爭；

不貴難得之貨，使民不為盜；

不見可欲，使民心不亂。

是以聖人之治：虛其心，實其腹，弱其志，強其骨。

常使民無知無欲。使夫[1]智者不敢為也。為無為，則無不治。

【譯文】

不特別崇尚賢能，讓民眾不爭做賢能。

不看重那些難得的貴重貨物，讓民眾不偷盜。

不表現出希望別人做什麼的欲望，讓民眾不專心。

---

[1]　夫：原作「天」。據河上公本、《馬王堆老子乙》改。

所以聖人的施政大綱如下：讓民眾不自以為是（虛其心）、吃得飽（實其腹）、減少強迫行為（弱其志）、讓他們有強健體魄（強其骨），常常讓民眾不自以為是（無知無欲），讓那些聰明的人不敢以為人定勝天，讓他們就做這些「不自以為是」的事，那就沒有不上軌道的事了。

【說明】

本章告誡統治者要讓百姓「虛其心，實其腹，弱其志，強其骨」，常讓百姓「無知無欲」。《老子》全書共用了三次「無知」，不只要百姓「無知」，也要統治者「無知」（明白四達，能無知乎？《老子》第10章），可見「無知」不可能是「白痴、智障」的意思，而是「不自以為是」的意思。

《老子》全書則用了五次「無欲」（第1、3、34、37、57章），不能簡單翻譯成「沒有欲望」，而是「客觀」的意思，我在第1章已經詳細說明。

請注意：「弱其志」的「志」不是「志向」，如果有人志於道，老子會希望「弱其志」嗎？老子曾說「強行者

有志」（第33章），可見「志」是一種強迫行為的「意志」，例如：「懸梁刺股」或「臥薪嘗膽」就是強迫行為，所以「弱其志」是指減少百姓這類的強迫行為。

04／ 不知誰創造「道」，只知在三皇五帝以前就有了

道沖，而用之或不盈。

淵兮似萬物之宗。

挫其銳，解其紛，和其光，同其塵。湛兮似或存。

吾不知誰之子，象帝之先。

【譯文】

道就好像河中的水沖流而下一樣，怎麼用都不滿溢，深沉地就像萬物的主人：他挫平萬物的尖銳、解決萬物的糾紛、調和萬物的光芒、一同歸於塵土，清澈地好像看不見卻又存在。我不知道誰創造了「道」，只知道在三皇五帝之前就有了。

【說明】

老子在這章開始形容「道」的樣子。《老子》81 章中，有 5 章在形容「道」（《老子》第 4、14、15、21、25 章），他花時間描寫「道」，一定都有原因，通常是為了帶出某個重點，例如，第 25 章說「道」是「寂兮寥兮，獨立而不改，周行而不殆」，就是為了帶出「王法地，地法天，天法道，道法自然」這個大重點。其他請參閱本書各章。

「道」不易描寫，所以老子每次都用比喻來描繪「道」，本章用「沖」、「淵」、「湛」等水的現象來表現「道」。我想，老子一定也很困擾，最後自己都說「大家都說我的道很大，似乎什麼都不像」（《老子》第 67 章「天下皆謂我道大，似不肖」）。

「沖」的甲骨文一看就知道是在河中插著的一支旗子，被水流「沖刷」，因為水不斷被沖走，當然就不會滿出來，所以老子說「真正的滿盈，就像不斷沖流的河水」（《老子》第45章「大盈若沖，其用不窮」），跟本章「道沖，而用之或不盈」不是很像嗎？

道沖，而「用」之或不盈。怎樣「用」？老子說是「挫銳，解紛，和光，同塵」，這四個「用」都有潛在衝突，都不好搞，所以才說「道沖」，如果可以搞定這些潛在衝突，就叫「奧妙的統合」（請參考《老子》第56章「玄同」）。

老子要講的重點是：道是被創造的，只是不知道何時創造。老子用了「吾不知誰之子」的修辭法非常特別，在先秦諸子著作中非常罕見，說「道」是某人的兒子，就

表示「道」是某人創造的，並非憑空出現。老子說：萬物由「道」創造，而「道」也是被創造，但不知道是誰，只是知道在有三皇五帝之前就有「道」了。

.

05 / 「萬物」和「百姓」都是用來彰顯 「道」的存在

> 天地不仁，以萬物為芻狗；
>
> 聖人不仁，以百姓為芻狗。
>
> 天地之間，其猶橐籥乎？虛而不屈，動而愈出。
>
> 多言數窮，不如守中。

【譯文】

天地並不對萬物講「仁」，而是透過萬物來彰顯「道」的存在。聖人也不對百姓講「仁」，而是透過百姓來彰顯「道」的存在。天和地之間就好像打鐵的風箱（橐籥）一樣都只是彰顯「道」的工具，裡面充滿空氣時就壓不下去，但是你愈壓它，就愈多空氣跑出來。若是只會一直抱怨，最後還是一事無成，不如持守在「道」之中。

【說明】

本章可以說是最容易被誤解的章節之一。首先，「芻狗」是古代祭祀用品，並非不值錢的東西，只是「芻狗」的功能是祭祀，重點在「祭神」。所以「天地不仁，以萬物為芻狗」、「聖人不仁，以百姓為芻狗」並不是把萬物及百姓當不值錢東西看，而是把萬物及百姓當「彰顯道的祭禮」來看。

有些人出生而殘缺，或有某種先天疾病。按照「道生之，德畜之，物形之，勢成之」（第25章）的說法，他們缺陷的存在是「道」幹的好事嗎？不是的，那反而是讓我們有機會可以做一些彰顯「道」的事情。

看看台灣口足畫家楊恩典及謝坤山的故事吧！楊恩典先天沒有雙手，謝坤山意外失去雙手，但是他們都沒有放棄自己，反而做了更多一般正常人都完成不了的事，讓我們對生命有更多的感動。生命是祭神而使用的「芻狗」，目的是「祭神」，是用來彰顯「道」的工具。我們如果只會抱怨，那就「多言數窮」了。

很多時候，我們明明沒幹什麼壞事，偏偏全天下不幸的倒霉事一下子都來了，於是我們怨天尤人，自艾自憐。老子說這樣不好，因為天地間就好像一個大風箱，「虛而不屈，動而愈出」，如果只是一直抱怨（多言），最後還是一事無成（數窮），不如持守「道」中。

以往學者多把「多言數窮，不如守中」翻譯成「政令繁多反而招致窮困，不如持守中道」。我認為這樣解釋接續不了上一段，因為如果「虛而不屈，動而愈出」是好的，那為什麼又教人要持守中道呢？所以我翻譯成「不如持守在『道』之中」。我猜老子不直接寫「不如守道」的原因可能是為了押韻。

後來就更玄了，聽說有人把本章當成老子傳授的某種氣功修煉功法，發明「橐籥功」，可以「虛而不屈，動而愈出」，我不知道老子知道以後會作何感想。

06 凡事多留餘地，但不能鄉愿

谷神不死，是謂「玄牝」。

玄牝之門，是謂天地根。

綿綿若存，用之不勤。

【譯文】

謙虛的精神就在於不滅絕，凡事多留餘地，這叫「奧妙的母性」（玄牝）。

這個玄牝的門，就是天地的根本。它的存在像綿一樣柔軟，所以不能竭力去使用它。

【說明】

本章很短，也很玄。什麼是「谷神」沒人知道。有人說是「山谷的神」或「掌管穀物收成的神」，說實在，我也不知道「谷神」是怎樣的一個神。

有些道教人士主張「谷神」是人體穴道之一，就在頭頂的囟門（百會穴），所以本章又是老子傳授某種「不死之術」的功法。到底對不對？我不知道。

不過，整本《老子》只有 4 章提到「神」，除了這裡特地講「谷神」之外，其他都是單一使用「神」這個字，所以我不認為老子是在指「山谷之神」或「穀物之神」，因為整本《老子》看不出來他主張「多神信仰」，除了「谷神」外，是否又有「山神」、「河神」或「海神」？這些「神」跟「道」來比較又是誰大呢？

至於「谷神」是否人體穴位？我只知道老子說「吾言甚易知，甚易行」（第 70 章），我猜想老子應該不會使用醫學專有名詞吧？而且老子也不喜歡修煉什麼功法，他自己都說「揣而銳之，不可長保」（第 9 章）。好不容易在第 55 章講到「心使氣曰強」的全書唯一類似氣

功描述，老子又立刻警告「物壯則老，謂之不道，不道早已」。

所以我大膽認為，這個「谷神」並不是什麼特別了不起的神，而是「謙虛的精神」。老子要說明「謙虛的精神」在於「不滅絕」（谷神不死），這叫「玄牝」，也是天地生生不息的根源。

《爾雅》：「水注谿曰谷」表示「谷」收納各方之水，從「谷」的象形字也可看出，是謙虛的象徵。我們現在都還在用「虛懷若谷」形容人謙虛。

老子希望我們凡事不做絕、多少留些餘地，這樣天地才能生生不息。但是這種奧妙的母性像綿一樣柔軟（「存若綿綿」，為了押韻而倒裝成「綿綿若存」），不能用得太過（用之不勤），否則可能破損。

換句話說，雖然謙虛的精神在於不滅絕，凡事留些餘地，但也不能全留餘地，對錯不分、優柔寡斷，否則會傷及「綿綿若存」的「玄牝」。所以老子在第 79 章才會說「和大怨，必有餘怨，以德報怨，安可以為善？」，可見他並不主張「鄉愿」，該算的帳還是要算。所以他才說「聖人執左契，而不責於人」(第 79 章)，可見聖人雖然「不責於人」，但「左契」還是要「執」，不可以丟掉。

07 / 不自以為是造物者，
就能天長地久

> 天長地久。
>
> 天地所以能長且久者，以其不自生，故能長生。
>
> 是以聖人後其身而身先，外其身而身存。
>
> 以其無私，故能成其私。

【譯文】

天地之所以能長久，是因為它不是靠自己創造的，所以才可以長生。所以聖人最後才想到自己，才可以身先士卒；置之死生於度外，才可以保存生命。聖人因為沒有私心，所以才能成就他的私心。

【說明】

老子在本章開始一種新的述說模式：先丟一個四個字的成語（可能是當時的流行語），然後去解釋它。這些成語的用字都極其易懂、優美、精簡。例如：本章的「天長地久」、第 8 章的「上善若水」、第 13 章的「寵辱若驚」、第 50 章的「出生入死」。

「以其不自生，故能長生」中的「不自生」就是「不自己創造自己」，就是不自以為是「造物者」。老子認為天地是「道」生的，不是「自生」的，因為他說「道生之，德畜之，物形之，勢成之」（第 51 章），而且天地也都遵循「道」的規範，叫做「地法天，天法道」（第 25 章），所以當然「天地不仁，以萬物為芻狗」（第 5 章）了。

「造物者」是借自北宋蘇軾《喜雨亭記》「一雨三日,伊誰之力?民曰太守。太守不有,歸之天子。天子曰不,歸之造物。造物不自以為功,歸之太空。」

老子認為天地是「造物者」創造的,並非「自生」,正因為「不自生,所以能長生」。聖人也是如此,很清楚自己也只是「受造物」,沒什麼值得驕傲,才能「後其身」及「外其身」,才能「無私」。

08／「處眾人之所惡」的領導理論

> 上善若水。
>
> 水善利萬物而不爭，處眾人之所惡，故幾於道。
>
> 居善地，心善淵，與善仁，言善信，政善治，事善
> 能，動善時。
>
> 夫唯不爭，故無尤。

【譯文】

最好的「善」就好像「水」，因為水對萬物都有好處而
且不爭，處在大家都討厭的地方，所以跟「道」很接近。
居住的地方、思考的深度、人際關係的送往迎來、溝通
的真誠、政治上的管理、工作上的能力、時機的選擇都
以幫助別人為主。因為都是幫助人不跟別人爭搶，所以
就不會有過錯。

【說明】

《老子》共有 18 章提到「善」，有「擅長、有天份」和「好」兩種意思，要從上下文判斷它是哪一個，本章是「擅長」的意思。當「善」與「惡、妖」相對使用時，「善」是「好」的意思；而「善」與「不善」相對使用時，「善」是「擅長、有天份」的意思。

基本上，老子在本章藉由水的特性說明何謂「善利萬物」及「處眾人之所惡」？所以「居善地，心善淵，與善仁，言善信，正善治，事善能，動善時」這七組詞句所用的「善」，是「善利萬物」的「善」，要翻譯為「住在可以善利萬物的地方」，而不是「住在好地方」的意思。如果翻譯成「住在好地方」，老子豈不是鼓勵大家住豪宅？那為何前一句又讚美「處眾人之所惡，故幾於道」？這說不通啊。

「水善利萬物而不爭，處眾人之所惡，故幾於道」也是老子領導理論很重要的基礎；他在第 78 章說：「受國之垢，是謂社稷主；受國不祥，是謂天下王」，都一致說明老子認為：想當領導人，就要先做僕人，要有能力

承受大家的「垢」和「不祥」，不能只想被前呼後擁、
享受權力的快感。

09 你的成就若非「天之道」的安排，斷不能成全

持而盈之，不如其已；
揣而銳之，不可長保。
金玉滿堂，莫之能守；
富貴而驕，自遺其咎。
功遂身退，天之道也。

【譯文】

因為人貪心，拿到什麼之後就還要更多，這叫「持而盈之」，這種人不如早點收手（不如其已）；磨練自己變得愈來愈厲害，這叫「揣而銳之」，這種人不可能永遠都保持這麼厲害（不可長保）；喜歡穿金戴銀住豪宅開名車，這叫「金玉滿堂」，這種人富不過三代（莫之能守）；有名有錢就任性驕傲，這叫「富貴而驕」，這種

人日後必然大禍臨頭（自遺其咎）。功成身退才是天之道。

【說明】

老子認為，人性會有這些惡行，就是因為不懂「天之道」。人認為自己的成就都是靠著自己的能力取得，明明靠著老婆娘家的幫忙，變成富豪之後就說自己是「白手起家」。要不是自己「天縱英明」、「英勇過人」、「眼光獨到」、「堅持到底」、「毅力超群」，他還真不知道自己為什麼成功呢！

「天之道」就是要人懂得「功遂身退」的道理。我們的成功或成就，要不是「天之道」的安排，必然不能成全，因為老子說「道生之，德畜之，物形之，勢成之」（第25章）。所以當我們一有成就，千萬不要以為是自己英明神武，唯一要做的就是「功遂身退」。

坊間各種修道法門恐怕跟老子也沒關係。老子自己都說「揣而銳之，不可長保」，怎麼會有那麼多修道的法門呢？人靠自己再怎樣修道，最後都「不可長保」。何故？因為人靠自己修道，略有成就即開班授徒，成立各種團

體組織受人供養，出入以信徒供奉的名車代步，最後必然自傲，容不下別人的挑戰及質疑。

《老子》全書只有一章提到「修」（第 54 章），而且還是講「修德」，並非「修道」。老子從來只講「有道」，不講「修道」。何故？因為「道」一求就得，根本不必「修」，老子說「不曰求以得，有罪以免邪？」（第 62 章），可見「求道」就可以「有道」，只要承認我們人性何其醜惡，就能「有道」。

10 / 老子從沒說過「天人合一」

載營魄抱一，能無離乎？
專氣致柔，能如嬰兒乎？
滌除玄覽，能無疵乎？
愛民治國，能無為乎？
天門開闔，能為雌乎？
明白四達，能無知乎？
生之畜之。生而不有，為而不恃，長而不宰，是謂
「玄德」。

【譯文】

身心擁抱著道，不要離開。

像柔弱的嬰兒一樣表達直接。

凡事借鑑別人，看清楚細節，不要出錯。

只做無為之事來愛護百姓，治理國家。

每次做重大決策時（天門開闔），都要心存生養萬物的母性。

知識淵博卻又不受這些知識限制。

最重要的是要明白：任何事物都是由「道」發生，其中有「德」，所以人沒啥了不起，不可自以為是。就算我們具體做了這些「為道」的做法，還是要提醒自己：人並沒擁有任何事物（生而不有）、不自以為是地做事（為而不恃）、不主宰任何事物（長而不宰）。這個就叫「奧妙的德」（玄德）。

【說明】

老子雖然反對我們「靠自己」修道，但可沒反對「為道」，例如：

「從事於道」（第 23 章）、

「為道」（第 65 章「古之善為道者」）、

「有道」（第 77 章「唯有道者」）。

「求道」、「得道」（第 62 章「不曰求以得，有罪以免邪？」）。

老子講「為道」，就是沒講「修道」，倒是講過「修德」（第 54 章）。

「道」本身「惟恍惟惚」，而且又「迎之不見其首，隨之不見其後」（第14章），怎樣可以修呢？

所以老子才會說「載營魄抱一」及「聖人抱一為天下式」，你只能和道「抱一」，不能「合一」。這個「一」與「道」的關係很密切，甲骨文中很多字都用「一」來表示「道」，但絕對不是「與道合一」的意思。老子也清楚表示：「道生一，一生二，二生三，三生萬物」，但從來沒寫過「天人合一」！

為什麼我敢這樣解釋呢？除了《老子》全書找不到「合一」及「修道」這樣的字眼之外，《老子》一書處處可見，「道」確實沒有缺點；不只如此，連「善利萬物」的水都還不是「道」，只能「幾近於道」（第8章），可見老子心中的「道」有多麼完美，大概僅次於「自然」。他說：「王法地，地法天，天法道，道法自然。」（第25章）我不能想像老子會主張「天人合一」，那「人」豈不變成「道」或是「某某宇宙大覺者」？又要驕傲了！

但是老子的確主張人要「有道」及「為道」，又該如何做呢？本章寫了一些具體做法以供參考。

其中，「天門開闔」需要說明一下。據說後世道家認為，「天門」是人頭上的某個穴位。我認為這也太玄了，老子自己說「吾言甚易知，甚易行」，又怎麼會用一些醫學名詞呢？

根據我的研究，周王國春秋時期或以前並不怎麼用「天門」這個名詞，《詩經》及《易》都沒有用過「天門」，戰國時代的《楚辭·九歌·大司命》倒是有過「廣開兮天門，紛吾乘兮玄雲。令飄風兮先驅，使凍雨兮灑塵」。「天門」的意思就是「天的門」，用來形容天開始產生的某些變動（例如：雲、風、雨、塵）。

戰國時期的莊子解釋「天門」就更玄了：「有乎生，有乎死，有乎出，有乎入，入出而無見其形，是謂天門。天門者，無有也。」《莊子·庚桑楚》。「天門」結果是「無有」的意思，真不知道說什麼。

戰國時期之後，「天門」開始出現一些有趣的意義。在據說是西漢焦贛寫的《焦氏易林》（又稱《易林》）中，作者用「天門」、「地戶」來詮釋《易經》。西漢司馬遷在《史記·天官書》也寫「蒼帝行德，天門為之開。

赤帝行德，天牢為之空。黃帝行德，天天為之起」，但是這些都是老子之後 500 年以上的文獻了。

因此，我認為「天門開闔」的原始意義應該就是「天開始產生某種變動」的時候，也就是指「做重大決策」的時候，所以後面才會接「能為雌乎？」（心存孕育萬物的母性）。

11 / 老子不討厭「有」，
也沒有獨尊「無」

三十輻共一轂，當其無，有車之用。

埏埴以為器，當其無，有器之用。

鑿戶牖以為室，當其無，有室之用。

故有之以為利，無之以為用。

【譯文】

車輪有三十條支柱，共用一個軸心，軸心要有空洞，輪子才能轉，車子才能動。

拉陶胚做容器，中間要挖空，才能用來裝東西。

鑿開牆壁做門窗，才能用來當房間。

這些比喻都有助於理解：「擁有」某些東西，例如輪子、容器或建築物的確便利，但是這些東西要空了才能使用。

【說明】

老子在本章談「有」、「無」的概念。他並不討厭「有」，也沒有獨尊「無」。他說「無欲以觀其妙」、「有欲以觀其徼」（第1章）。「有」和「無」都只是工具。他只是討厭被「有」綁架、失去自由的感覺，請參考13章「吾所以有大患，為吾有身」。

有人花了大錢買名車，卻又捨不得開，這就是被「有」綁架，哪一天突然想通了開出來，就是「無之以為用」。

九九乘法也是這種事。你可以做一張九九乘法表來算乘法，很便利；但你若背起來，就可以不必這張表，就能運算自如，這也是「無之以為用」。

12 / 人性有很多問題：目盲、耳聾、口爽、心發狂、行妨

> 五色令人目盲，五音令人耳聾，五味令人口爽，馳
> 騁畋獵令人心發狂，難得之貨令人行妨。
> 是以聖人為腹不為目。
> 故去彼取此。

【譯文】

人的感官很多，卻不見得有好處，色彩繽紛令人瞎眼，
音律高低令人耳聾，味道分明令人口感舒服，騎馬打獵
令人心狂野，稀世珍寶令人做壞事。

所以聖人看重實質而不重表面，去除表面功夫而取實
質。

【說明】

這章讀起來很簡單，主要講人性的缺點。「五色」、「五音」、「五味」都代表多的概念，並非說只能分五種。人有眼睛可以看，卻常常被外表顏色蒙蔽；人有耳朵可以聽，卻常常被外在音律迷惑。所以，老子說人性有這麼多問題，我不相信他會認為「人性本善」。

老子也絕對不是「人本主義」者，而是「道本主義」者。人只是祭神的「芻狗」。他跟孔子最大的分別在於：孔子認為「人能弘道，非道弘人」（《論語・衛靈公》），人是最重要的。人要有「禮」，藉由生活上的各種禮儀，完成各種人際關係的安排。人跟人之間的關係就是「仁」。孔子可能不認為「人性本善」，但他認為「人性向善」，所以需要教育，而且是「禮樂射御書數」全方位的教育。孔子自幼聰穎，又好學，很快就成為一個知識淵博的人，又懂得「因材施教」的教育策略，很快就成為學生眾多的老師。

老子很不一樣。老子不認為「人性向善」，更不認為「人性本善」。透過本章的說明，老子應該認為「人性本惡」，請參考《老子》第 25 章。

因為人性本惡，老子必然認為「仁、義、禮、智」都不靠譜，所以老子才會否定「仁」，認為「天地不仁，以萬物為芻狗」（第5章），「大道廢，有仁義」（第18章）。他也把「禮」罵得很難聽，說「禮」是「忠信之薄，而亂之首」（第38章），從此與儒家結下樑子。

漢帝國的歷史學家司馬遷（西元前145-86）說：「世之學老子者則絀儒學，儒學亦絀老子。」（《史記·老莊申韓列傳》）。他把同樣認為「人性本惡」的道家和法家合併列傳，基本上是正確的認識。

但是這樣的老子可愛啊！該罵就罵，生氣勃勃，誰把他弄得不生不死、無私無欲、似人非人呢？

13 / 濫用身體，就有大患

寵辱若驚，貴大患若身。

何謂寵辱若驚？寵為下，得之若驚，失之若驚，是謂寵辱若驚。

何謂貴大患若身？吾所以有大患者，為吾有身，及吾無身，吾有何患？

故貴以身為天下，若可寄天下；愛以身為天下，若可託天下。

【譯文】

得到寵幸或侮辱都要特別小心，看問題的嚴重性就好像看待自己的身體健康。什麼叫「寵辱若驚」？因為寵幸是層次比較低的東西（寵為下），相對也比較具體，例如金錢、美女、豪宅等，所以我們得到或失去的時候都要特別小心。

什麼叫「貴大患若身」？我們身體健康之所以會出大問題，是因為我們以為我們擁有身體的絕對所有權而濫用身體，如果了解到我們並沒有身體的絕對所有權之後，我們會遵守身體使用方法，如此一來，身體會有什麼大問題呢？

所以，可以寄託天下的人是那種把天下當成自己身體健康來珍愛的人。

【說明】

為什麼會抽煙、吸毒、酗酒、熬夜、刺青？難道不是因為我們以為身體是我的，我自己可以任憑私慾而濫用嗎？這就是「為吾有身」的意思。

這句「吾所以有大患者，為吾有身；及吾無身，吾有何患？」真是搞糊塗一堆解經者。歷來多半翻譯為「我會生病的原因，是因為我有身體；等到我修煉到沒有身體，我會生什麼病呢？」

真是廢話！沒身體就是死了，死了還生什麼病啊？再者，有些解經者把「及吾無身，吾有何患？」當作一種修煉的境界，以為老子要我們修煉到脫離身體束縛的境

界，就不會生病。果真如此的話，醫生們應該致力推廣「脫離身體束縛」的各種招術，而不是去研究各種治療疾病的方法；然後，宣稱能做到「脫離身體束縛」的人由於百病不侵，就能廣收信徒，為人治病，受人供養，最後長命百歲。這真的是老子的意思嗎？

14 / 不能「執道」的人，看了不明白，聽了不理解，抓了拿不到

視之不見，名曰「夷」；

聽之不聞，名曰「希」；

搏之不得，名曰「微」。

此三者不可致詰，故混而為一。

其上不皦，其下不昧，繩繩兮不可名，復歸於無物。

是謂無狀之狀，無物之象，是謂「惚恍」。

迎之不見其首，隨之不見其後。

執古之道，以御今之有。

能知古始，是謂道紀。

【譯文】

「夷」是遙遠，直到地平線看不到邊界，所以叫「視之不見」。

「希」是聽到聲音卻不明白。

「微」是努力抓也抓不到。

這三種情況不能明確區分，所以乾脆混合在一起解釋。它不是很抽象（其上不皦），卻也沒那麼具體（其下不昧），像繩子一樣連結萬物卻不能一一命名，最後再回到什麼都沒有的狀態。

沒有形狀的形狀，沒有樣子的樣子，就是「惚恍」。你迎向他，看不到他的頭；跟隨他，看不到他的背後。「道」其實沒有這麼「惚恍」，只要我們執行古時候已盛行的「道」，來駕御現代所擁有的，了解「道」如何開始，就可以紀錄「道」的歷程，並不「惚恍」。

【說明】

本章很長，老子定義了許多字的用法，非常重要。老子每次使用「A 名曰 B」的句構時，我們就要特別注意：這是老子在定義某些字的意義。他一方面形容「道」的模樣，講了半天最後又「復歸於無物」；另一方面定義

64

了後面常用的三個字「夷」、「希」、「微」，這才是
重點！

因為《老子》常用到「夷」、「希」、「微」這三個字，
我們必須緊扣老子的定義才能真正理解他的意思，例如：
「大道甚夷」、「大音希聲」、「希言自然」、「夷道
若纇」、「是謂微明」。

老子說，我們一般人不理解「道」，明明看到了也聽到
了「道」，卻不知道那就是「道」，這是因為不能「執
古之道」，換句話說，不能「執道」的人，跟他講「道」
也沒有用，因為他還是「視之不見」、「聽之不聞」、「搏
之不得」。

15／「善為道者」能跟三教九流的人相處，也能當個開心果逗人發笑

古之善為道者，微妙玄通，深不可識。

夫唯不可識，故強為之容：

豫兮若冬涉川；

猶兮若畏四鄰；

儼兮其若客；

渙兮其若冰釋；

敦兮其若樸；

曠兮其若谷；

混兮其若濁；

孰能濁以靜之徐清？

孰能安以動之徐生？

保此道者，不欲盈。

夫唯不盈，故能蔽而新成。

【譯文】

古代那些很會實踐「道」的人，連細節的奧妙都瞭若指掌，但卻深沉到看不出來。就是因為看不出來，老子勉強形容給大家參考，這些人：

冬天過河前會先做好萬全準備；

像害怕周圍鄰國一樣不侵犯別人；

像作客他鄉一樣嚴肅守規矩（強龍不壓地頭蛇）；

常常帶給別人開心，融化冰雪；

像沒有雕刻的原木一樣敦厚；

空曠像山谷一樣；

能跟三教九流的人打交道，好像沒有信仰的堅持（混兮其若濁）。

這樣的人不容易啊！

誰能安靜地等混濁的水慢慢清澈？

誰能耐心地用行動慢慢讓結果發生？

保守這個道的人不願意自滿，

因為不自滿，所以他總是能低調地改過自新。

【說明】

老子在本章首次引入「樸」的概念，全書共有六章使用了「樸」這個字（15、19、28、32、37、57 章）。什麼是「樸」？東漢王充說：「物實無中核者謂之郁，無刀斧之斷者謂之樸」（《論衡 · 量知》）。用現代的話來說，「樸」就是未經雕刻的原木。

本章是在描述「為道者」的特徵。「為道者」內功高強，深沉而看不出來，所以老子用幾個特徵來描述，其中「渙兮其若冰釋」及「混兮其若濁」最引起我注意。

「渙」是水面波光粼粼的樣子，而且是冰雪融化的水，充滿大地回暖的開心。所以我翻譯成「常常帶給別人開心，融化冰雪」，這樣的人也是「為道者」。

不只如此，老子還說「為道者」並不高高在上，能跟三教九流的人打交道（混兮其若濁）。可見在老子心中，為道者不一定總是要一副正襟危坐的樣子。

「保此道者，不欲盈。夫唯不盈，故能蔽而新成。」這句話的「蔽而新成」是重點。老子教我們要保守「道」，

就不會自滿，就能像電腦操作系統升級一樣時時更新自己。

16 / 我們不完美，常常犯錯，所以回歸自己的本性就叫「常」

致虛極，守靜篤。

萬物並作，吾以觀復。

夫物芸芸，各歸其根。

歸根曰「靜」，靜曰「復命」，復命曰「常」。

知常曰「明」，不知常，妄作「凶」。

知常容，容乃公，公乃王，王乃天，天乃道，道乃久，沒身不殆。

【譯文】

讓自己達到最空虛的狀態，保守此刻的完全靜止。這時你可以看到萬物同時都在作工，我們就用來觀察如何回復萬物最原始的樣子。

萬物雖然那麼多，但各自都可以回歸它自己的根源。

回歸自己的根源叫「靜」，就是回歸自己的本性，因為我們的本性並不完美，常常犯錯，所以回歸自己的本性就叫「常」。

我們知道自己常常犯錯，就叫看透（知常曰明）；若不知道，擅自妄動，就非常危險（妄作凶）。

當我們知道自己本性不完美，又常常犯錯，就會包容（知常容），能包容就能做到公正，這才是王做的事。我們能做到王做的事，才能做天做的事，做到天做的事才能行最根源的「道」。有「道」才能持久，可以安心地過一輩子。

【說明】

老子在本章希望我們謙虛地、安靜地想一想自己，就可以觀察到「萬物交互影響」（萬物並作）以及「回復萬物的本性」（吾以觀復）。

他再一次強調我們要知道自己的本性常常犯錯，才是人性的「常」！知道自己常常犯錯才叫「明」，不知道人性常犯錯就會以為自己「英明神武」，然後就會「妄作」，此乃「凶」！

這樣解釋就能知道，為什麼老子下一句要寫「知常容，容乃公」，知道自己跟別人一樣都有缺點、都不完美，才能包容別人，能包容別人才能設計一套公正的制度讓大家一起遵守。如果我們只因為人不完美，而意圖用「制度」取代「人性」，跳過「包容」這個步驟，則「制度」容易演變成不講人性的「酷法」，這不是老子要的「王道」，也是老子與法家不同之處。

17 / 功成事遂，百姓都說：「是自然讓我們這樣的」

太上，不知有之；

其次，親而譽之；

其次，畏之；

其次，侮之。

信不足焉，有不信焉？

悠兮其貴言。

功成事遂，百姓皆謂：「我自然」。

【譯文】

對於「道」來說，最高層次是不知道自己擁有「道」。

其次：知道有「道」，並親近他、讚美他。

再其次：害怕他。

再更其次：侮辱他。

我們只是還不太能體會「道」吧？當然也有人不相信「道」的，這就是「信不足焉，有不信焉？」

「道」講話向來字字珠璣（悠兮其貴言）。事情完成了，百姓都說：「是自然讓我們這樣的」。

【說明】

這裡的「我自然」不能翻譯成「我是自然而然就這樣」，因為不合邏輯。前面還在講「道」被人「不知有之」、「親而譽之」、「畏之」、「侮之」，結果後面就說功成事遂之後，自己是自然如此，那豈不是說都是自己功勞？

「我自然」和「希言自然」（《老子》第23章）的文法很像，都是倒裝句構。「我自然」就是「自然我」（是自然讓我們這樣的）；「希言自然」就是「自然希言」（自然講話是聽而不聞）。

18／忠臣很多，表示國家昏亂啊

大道廢，有仁義；
智慧出，有大偽；
六親不和，有孝慈；
國家昏亂，有忠臣。

【譯文】

這個世界有「仁義」，是因為廢棄了大道。人一有智慧，虛偽作假就出來了。六親不能和樂相處，所以我們才歌頌「孝順及慈悲」。國家昏亂，所以我們才有那麼多忠肝義膽的臣子。

【說明】

這章很簡單，也很清楚地顯示老子與孔子的不同（請參考第 12 章）。孔子推廣「仁義」、「孝慈」及「忠」的概念，但是老子卻另類思考：我們講仁義，是因為人廢棄了大道；講智慧，是因為人有欺詐；講孝慈，是因為六親失和；講忠臣，是因為國家昏亂。

19 / 人就是人，不要想成為聖人

絕聖棄智，民利百倍；

絕仁棄義，民復孝慈；

絕巧棄利，盜賊無有。

此三者以為文，不足。

故令有所屬：見素抱樸，少私寡欲，絕學無憂。

【譯文】

統治者不要想當聖人，要放棄追求聰明（《老子》65 章曾說：「以智治國，國之賊。」）這樣百姓的好處可增加百倍；棄絕仁義，百姓可以回復孝慈；棄絕巧利，盜賊就會消失。但光是從文字去解釋「聖智、仁義、巧利」還不夠，統治者下的命令要基於：行政命令愈簡單愈好、不可任意妄為、不要「學憂」。

【說明】

本章很重要，因為老子很明確地要讀者不要想成為聖人。老子用聖人來示範「道」，因此，既然老子沒有主張人要「修道」或「與道合一」或「成為道」，當然也沒有要我們成為聖人，所以老子說「絕聖棄智」非常合理。不過，一般解老學者以為老子希望我們修道成聖，然後天人合一，於是無法合邏輯地解釋這一章。有的學者乾脆說「絕聖棄智」應該是抄錯了。孰是孰非，您自己判斷吧！

「學憂」要特別說明一下。跟哭笑不一樣，憂慮是學習而來的。哭笑是人類的本能，我們聽過小嬰兒哭笑，但沒聽過小嬰兒憂慮。我們之所以憂慮，大半的原因是我們長大之後，面對愈來愈複雜的生活難題，又要壓抑本能的情感表現，於是產生憂慮。

老子勸統治者的行政命令不可以杞人憂天，沒事找事做。我們之所以「憂」，是因為不守正道，又壓抑情感。事實上，「道」早就安排好所有的事情，何況「道」是「不爭而善勝，不言而善應，不召而自來，繟然而善謀」（第

78

73章），那麼厲害的「道」，我們只要把所有的事情交給他就好了，有什麼好「憂」的呢？

請注意，老子說「少私寡欲」，而不是「絕私棄欲」！他沒有要我們丟棄私欲，人就是人，不要想成為聖人，聖人是「道」的化身，是我們的行為模範，但人不是聖人。尤其是壞的統治者一定把自己當聖人，大搞噁心的造神運動，這樣才能理解老子說「絕聖棄智」的意思。

20 / 人之所畏，不可不畏

唯之與阿，相去幾何？

美之與惡，相去若何？

人之所畏，不可不畏。

荒兮，其未央哉！

眾人熙熙，如享太牢，如春登臺；

我獨泊兮，其未兆；沌沌兮，如嬰兒之未孩；儽儽兮，若無所歸。

眾人皆有餘，而我獨若遺，我愚人之心也哉！

俗人昭昭，我獨昏昏。

俗人察察，我獨悶悶。

眾人皆有以，而我獨頑且鄙。

我獨異於人，而貴食母。

【譯文】

「答應承諾」與「阿諛奉承」相差多少？

「美」與「醜」相差多少？

當然相差很大！這個世界還是有一定的價值判斷標準。

所以人所害怕的東西，我們也不能不害怕（人之所畏，不可不畏）。

荒唐啊！真是沒完沒了！

當大家開開心心好像參加派對時，我就像獨自乘船而出尋找預兆的人；傻傻地像還沒長大的嬰兒；疲憊地像到處找不到歸屬。

大家都會為自己留餘地，只有我獨自一人像被遺棄，我真是個笨蛋啊！

一般世俗的人都很精於計算利害關係，只有我自己一個人呆呆笨笨。

一般世俗的人都用他的家庭背景來評量人的出身，只有我一個人既頑固又粗鄙，只有我跟別人不一樣，因為我只看重誰是給我養分的奶媽。

【說明】

「阿」是「阿諛奉承」的意思。漢儒轅固生就罵過漢武帝的丞相公孫弘說：「公孫子，務正學以言，無曲學以阿世。」（《史記・儒林列傳》）

老子在本章大發牢騷。前一章剛剛談到老子勸人「絕聖棄智」，不要想成為聖人；這一章講如果想成為像他一樣的「為道者」（還不是聖人喔！），就要忍受跟別人不一樣，但是又不能太清高，因為大家對於「唯阿」與「美醜」都還是有一般判斷標準，所以「別人害怕的，我也要害怕」（人之所畏，不可不畏），不可以自以為「有道」就不怕。

因此，老子做為一個「為道者」，不免發了牢騷，大呼：「荒唐！真是沒完沒了」（荒兮，其未央哉！）。「荒」不是「荒涼」，而是「荒唐、荒誕」，《詩經》常用，例如：
「好樂無荒，良士瞿瞿」《詩經・唐風・蟋蟀》、
「顛覆厥德，荒湛於酒」《詩經・大雅・抑》。

本章最後一句話「我獨異於人，而貴食母」要說明一下。
「食母」從字面上看意思是要「吃掉媽媽」；然而，老
子似乎有更深的意義，必須詳加分析。除了本章以外，
《老子》用「母」如下：

「有名萬物之母」（第 1 章）、

「周行而不殆，可以為天下母」（第 25 章）、

「天下有始，以為天下母」（第 52 章）、

「有國之母，可以長久」（第 59 章）。

可見如同「玄牝」一樣，老子用「母」來象徵「創造、
產生、發生」的「道」。所以把「食母」解釋成「吸收
創造之道的養分」似乎也是可以，只是很拗口。

其實，簡單一點來看，古代文獻的確有「食母」的用法。
在《禮記・內則》第 12 章「大夫之子有食母，士之妻
自養其子」就有用到「食母」，意思是「奶媽」。我認
為老子的「食母」很可能就是指「提供養分的奶媽」。
所以「眾人皆有以，而我獨頑且鄙。我獨異於人，而貴
食母」這句話我翻譯成「一般世俗的人都用他的家庭背
景來評量人的出身，只有我一個人既頑固又粗鄙，我跟
別不一樣，因為我只看重誰是給我養分的奶媽。」

換言之，老子並不看人的家世血緣背景，他重視的是這個人的教養來源。以「仁義禮智」做為「食母」似乎不是老子那道菜；以「道」為「食母」才是正途。

21／從萬物的「名」，可以觀察「道」

孔德之容，惟道是從。

道之為物，惟恍惟惚。

惚兮恍兮，其中有象；

恍兮惚兮，其中有物。

窈兮冥兮，其中有精；其精甚真，其中有信。

自古及今，其名不去，以閱眾甫。

吾何以知眾甫之狀哉？以此。

【譯文】

「德」的樣子只跟從「道」。抽象的「道」對於具體的「物」來說，就只是恍恍惚惚的東西，但恍惚之中可以看見道的形象，甚至有物的形體。剛剛開始的時候，那個恍恍惚惚的東西之中，我們可以看到道的「精」，這個「精」很真實，真實當中又有誠信。

從古至今，萬物的名如果沒有消失的話，我們根據名就可以觀察萬物的開端。我就是這樣了解萬物開始的情況。這個「甫」是「開端」的意思。

【說明】

本章基本解讀問題不大，就是在說明「道」的樣貌，還可以藉由萬物的「名」來觀察萬物的起始，請復習第1章的「無名天地之始，有名萬物之母」。老子的確提出一個方法讓我們觀察「道」，請參考第16章「致虛極，守靜篤。萬物並作，吾以觀復」，可見讓我們的心「靜」是「觀復」很重要的方法。

第16章教我們要「致虛極，守靜篤」，然後配合本章來看，原來「致虛極，守靜篤」之後，我們會在恍惚之中看到道有「象」、有「物」、有「精」、有「信」，老子自己都說「天下皆謂我道大，似不肖」（《老子》第67章）。如果一定要說老子學說有任何「玄祕」之處，我認為就在這個地方：當老子試圖描述「道」的時候，因為道實在很抽象，只好採用許多比喻，最常用「水」、「谷」、「母子」。

在《老子》第 52 章「既得其母，以知其子」中，老子用「兒子像媽媽」的比喻來說明「道」雖然恍惚，但「道」生萬物之後，我們可藉由觀察萬物的名返回觀察「道」。我們看到兒子相貌，就可以猜到媽媽長什麼樣。

22 / 「曲則全」不是「委屈求全」

曲則全，枉則直，窪則盈，敝則新，少則得，多則惑。

是以聖人抱一為天下式。

不自見，故明；

不自是，故彰；

不自伐，故有功；

不自矜，故長。

古之所謂「曲則全」者，豈虛言哉！誠全而歸之。

【譯文】

「彎曲」則可以回歸「完全」，「冤枉」則可以得到「平反」，地上有凹洞則水可以灌滿，舊的去則新的來，因為缺少的人會去爭取而得，但是得到愈來愈多之後，我們反而迷惑了，以為又是自己「英明神武」。

所以聖人懷抱著「道」做為天下的典範。注意：聖人講「抱一」，不講「合一」。聖人不自我炫耀，所以看得特別清楚；不自以為是，所以更彰顯他的德行；不把榮耀歸於自己，所以更有功勞；不自傲，所以可以紅很久。這是因為聖人不跟人家爭，所以天下人不能跟聖人爭。

古時候人說的「曲則全」，所言不假，真是因為「彎曲」到最後還是「回歸」原點，就叫「完全」。

【說明】

這個「曲則全」被後世莫名其妙地解釋成「委屈求全」，並非老子原意，畢竟此「曲」非彼「屈」。老子自己都說「和大怨，必有餘怨，以德報怨，安可以為善？」（79章），是非黑白一定要分清楚，怎麼會叫人「委屈求全」呢？

「委屈」不一定能「求全」！那是壞人欺負好人的藉口！何況老子緊接著說「冤枉可以得到平反」（枉則直），那麼「委屈」就更不能「求全」了，說不通啊！

我認為老子要講的觀念是「委婉」可以「成全」，很多時候「蠻幹」沒有用，其實繞一個彎過去就可以成功了，這才是「曲則全」的意思。

因為「缺少的人會去努力爭得」（少則得），所以才會有「蔽則新」、「窪則盈」、「枉則直」、「曲則全」這些現象。一旦得到愈來愈多，我們就迷惑了，以為自己多偉大，這就是「多則惑」。

所以老子後面才會再強調「不自是」、「不自現」、「不自伐」、「不自矜」，這樣解釋文理才通順啊！

23 / 人生有涯，請尊重包容他人

希言自然。

故飄風不終朝，驟雨不終日。

孰為此者？天地。

天地尚不能久，而況於人乎？

故從事於：

道者，同於道；

德者，同於德；

失者，同於失。

同於道者，道亦樂得之；

同於德者，德亦樂得之；

同於失者，失亦樂得之。

信不足焉，有不信焉。

【譯文】

「自然」在講話的時候我們是「聽之不聞」的。所以刮風不會刮一整個早上，大雨不會下一整天，你要知道這是「自然」在講話，那他在講什麼呢？

「自然」要告訴你：天地都撐不久，何況卑微的人呢？

所以人在有限的生命中，都有他的生活信念，我們都要尊重。

所以致力推廣「道」的人，就跟「道」走在同一條路上，「道」也很高興有他同行。

所以致力推廣「德」的人，就跟「德」走在同一條路上，「德」也很高興有他同行。

所以致力推廣「失」的人，就跟「失」走在同一條路上，「失」也很高興有他同行。

因為無論是「道」、「德」或「失」，只要人有生活信念，他們都會很高興。很多時候只是我們生活信念不夠而已，當然也有人是沒有生活信念的（信不足焉，有不信焉）。

【說明】

「從事於」的「事」是「侍」的意思，表示致力推廣某種概念。

「失」是喪失的意思，就是什麼都不相信的人，就是「有
不信焉」的人。可見老子是很中立客觀的，你若什麼都
不信也可以。重點是，我們要尊重包容各種生活信念。

本章說「天地尚不能久，而況於人乎？」，但第 7 章又
說「天長地久」。矛盾吧？老子一下子說「天長地久」，
一下子又說「天地尚不能久」，到底怎麼回事？

這是因為第 7 章的「天長地久」要說明的是「天地並非
自己創造自己，並不以為自己是造物者，所以才可以長
生」。而第 23 章說「天地尚不能久，而況於人乎」是
相對於人來說，人不要以為自己可以長生不老，每一個
人終會死，要學會尊重包容別人。

由此看來，後世道家追求「長生不死」，真的不是老子
的主張。老子追求「長生」，但不追求「不死」。

請注意「希言自然」的「希」，必須回到「聽之不聞謂
之希」的意思，才能正確解釋本章真正的意思。所以我
才在第 14 章時再三提醒，我們要小心老子使用類似「A

謂之 B」或「A 曰 B」的句構。當老子有嚴格定義這個字的意思時，千萬不可隨便解釋。

24／驕傲、自誇都是「餘食贅行」

企者不立，跨者不行；

自見者，不明；

自是者，不彰；

自伐者，無功；

自矜者，不長。

其在道也，曰：「餘食贅行。物或惡之。」故有道者不處。

【譯文】

踮高腳尖站不穩，跨大兩腳走不動。

愛自我炫耀的人，不明智。

自以為是的人，沒什麼了不起。

自誇的人，沒有功勞。

自傲的人，氣不長。

從道來說，「這些多餘的行為，連東西都討厭它們」，所以有道的人不做這些事。

【說明】

這章跟「是以聖人抱一為天下式。不自見，故明；不自是，故彰；不自伐，故有功；不自矜，故長」（《老子》第22章）很像，可見老子認為「不自見、不自是、不自伐、不自矜」是非常重要的，是聖人做為天下典範的四種行為。

「自見、自是、自伐、自矜」，這些都是「餘食贅行」。為什麼？因為任何事若不是「道」的安排，斷不能成就！因為「道生之，德畜之，物形之，勢成之」（第51章），那麼人有什麼好驕傲？

但人因為「視之不見」、「聽之不聞」、「搏之不得」（第14章），以為所有的功勞都是自己「英明神武」，才會「自見、自是、自伐、自矜」。

「物或惡之」是說連東西都討厭它。老子飆罵的時候也滿毒，「人惡之」還不夠，連「物」都「惡之」，可見

這個「餘食贅行」有多可惡！《老子》全書一共用了兩次「物或惡之」，另一次在 31 章：「兵者，不祥之器，物或惡之」。

25 / 我們服從的「王」，是遵守「道」的「王」

有物混成，先天地生。

寂兮寥兮，獨立而不改，周行而不殆，可以為天地母。

吾不知其名，強字之曰「道」，強為之名曰「大」。

大曰「逝」，逝曰「遠」，遠曰「反」。

故道大，天大，地大，王亦大。

域中有四大，而王居其一焉。

王法地，地法天，天法道，道法自然。

【譯文】

有東西混合完成，比天地還早出現。

他是那麼孤獨寂寥！不因外在環境而變，按照週期運行而不止，可以作為天地的母親。

我不知道他的名字，勉強寫他就叫「道」，勉強取名就叫「大」。

「大」到一定程度愈來愈看不見就叫「逝」，

「逝」到一定程度就叫「遠」，

「遠」到一定程度又會折返回來就叫「反」。

我們有時不能理解「道」的運行，所以要學會順從，因為「道」、「天」、「地」、「王」都可稱「大」，而「大」就是「道」。我們的世界有上述四大，「王」也是大，我們也要順從「王」。

不過，老子怕我們盲目順從，後面趕緊說，我們順從的王，是「王法地，地法天，天法道，道法自然」的王。換句話說，要是這個王並不是「王法地，地法天，天法道，道法自然」的王，這個王就是「不道早已」的王，下一章就會談到這樣的王「失根」又「失君」。

【說明】

本章最後一段有很多不同版本，也產生許多爭議。在《帛書老子》1972年尚未出土前，這段話都是寫成「故道大，天大，地大，人亦大。域中有四大，而人居其一焉。人法地，地法天，天法道，道法自然」，於是學者大多根據這一點主張老子是「人本主義」者，跟孔夫子同一掛。這就是戴著儒家的眼鏡來看老子，嚴重背離老子原意。

其實整本《老子》都在說明「人」有太多缺陷（請參考第12章），為什麼獨獨這句話突然說「人亦大」呢？其實那個「人」應該是「王」，不是人，抄寫錯誤。

馬王堆的《帛書老子》明白寫著「故道大，天大，地大，王亦大。域中有四大，而王居其一焉。」只是下一句仍然是「人法地，地法天，天法道，道法自然」，我猜是因為忌諱寫出「王法地」這種字眼，可能損及王室尊嚴，所以改為「人法地」。否則以老子一貫的思考邏輯，不太可能前面都用「王」，結果後面又改用「人」，所以我將其全部改為「王」。

馬王堆漢墓是西漢初期長沙國丞相利蒼及其家屬的墓葬，位於中國中部湖南省的長沙市。西元 1972 ～ 1974 年，考古工作者在這裡先後發掘了 3 座西漢時期墓葬。墓葬內的隨葬品十分豐富，共出土絲織品、帛書、帛畫、漆器、陶器、竹簡、印章、封泥、竹木器、農畜產品、中草藥等遺物 3000 餘件，寫在帛書上的《老子》出土了，上圖可隱約見到「天地不仁，以萬物為芻狗」的字樣。

老子要說的是，「王」的權力若最後沒有遵循「自然」，則不能存在；反之，現在存在的「王」，必然有「自然」

的安排，也許我們一時不能明白，但是日後一定會恍然大悟，所以我們要順從「王」，服從「自然」的安排。

另外，我們要注意「反」這個字。《老子》全書用了四次「反」：
「遠曰反」（第25章）、
「反者道之動，弱者道之用」（第40章）、
「玄德深矣，遠矣，與物反矣，然後乃至大順」（第65章）、
「正言若反」（第78章）。

可見老子很看重「反」，我們面對相反意見時，千萬不要「非我族類」急於消滅它。這些「非主流意見」很可能是「道之動」，只是我們一時之間難以理解而已。我們要做的就是「順從」而已。

這就是為什麼老子在第65章說玄德又深、又遠、又與物反矣，然後才到「大順」，這個「順」就是「順從」，絕對不是「順利」的意思！

26／人是英雄，錢是膽，君子終日行不離輜重

重為輕根，靜為躁君。

是以君子終日行不離輜重。

雖有榮觀，燕處超然。

奈何萬乘之主，而以身輕天下。

輕則失根，躁則失君。

【譯文】

重是輕的根本，安靜是吵鬧的主人。

所以君子整天都不離開資財（例如，錢包）。

表面看來雖然很有錢，但是君子的心態卻很超然，並不被資財綁住。

可惜的是那些大國的國君不理解這個道理，以為自己可以掌控自己的生命，所以也可以掌控天下、看輕天下。

「輕」就會失去根本，「躁」就會失去主人。

【說明】

本章說明老子的金錢觀。老子看不看重錢財呢？當然看重，他可不是道貌岸然、不食煙火的書呆子。他認為「人是英雄，錢是膽」；沒有錢，英雄也變狗熊，俗話說「一文錢逼死英雄」就是這個道理。要當君子，就要「終日行不離輜重」，否則很容易「落漆」（丟臉）。

古代人的輜重，就像現代人的錢包。老子在本章說明了他重視錢財的一面，因為沒有錢就容易「輕」和「躁」，但是就算有錢，也要「燕處超然」，否則就會像「萬乘之主」一樣「以身輕天下」。

「萬乘」是多大的國家呢？據說春秋戰國時代一車四馬為一乘，萬乘就有四萬匹馬，周武王伐商紂時也不過就動用戰車 300 乘，等到滅殷商王國統一中原，周王國也就是萬乘之國，各諸侯則是千乘之國。

27 / 「不善人」是「善人」的資源，不可小看

善行無轍迹，

善言無瑕讁；

善數不用籌策；

善閉無關楗而不可開，

善結無繩約而不可解。

是以聖人常善救人，故無棄人；

常善救物，故無棄物。是謂「襲明」。

故善人者，不善人之師；

不善人者，善人之資。

不貴其師，不愛其資，雖智大迷，是謂「要妙」。

【譯文】

擅長駕車的人，不會留下輪印。

擅長說話的人，沒有可以指責的話柄。

擅長算術的人，不用電子計算機。

擅長關閉的人，不需用到「關楗」也讓人打不開。

擅長打結的人，不需用到「繩索」也讓人解不開。

因為人各有擅長，所以聖人一般來說擅長救人，所以沒有放棄人；擅長救物，所以沒有放棄物。這就是「承襲光明」。

因為有擅長天份的人，是沒有天份者的老師；沒有天份者的人，是有天份者的資源。兩者應該互相學習，不必互相看輕。若我們不尊貴這樣的老師，或不愛這樣的資源，就會失去許多學習機會，雖然有智慧也會有大迷惑，這就是所謂的「重要的奧妙」（要妙）。

【說明】

可見老子並不輕看每一個人，大家都有「善」或「不善」的地方，「善人」也可以從「不善人」身上學到東西，所以才叫「不善人是善人的資源」，否則為什麼說「教學相長」呢？

這裡的「善人」不是「好人」的意思，而是「擅長某些事」的人，跟「水善利萬物而不爭」的「善」是一致的！

請注意「襲」這個字，《老子》全書用過兩次，在第 52 章中也用過一次，它是「承襲」之意，表示「光明」是本來就有的，聖人只是「承襲光明」而已，再一次印證聖人自己也不是「光明」，他只是「承襲光明」。老子用字非常精準，我們若不前後仔細反覆思考，常會理解錯誤「聖人」的意思。

我很喜歡看那種教人廢物利用的節目，例如，廢棄的保特瓶可以變成花盆，這就叫「常善救物，故無棄物」。

28 / 「中學為體，西學為用」大錯特錯！因為「大制不割」

> 知其雄，守其雌，為天下谿。
>
> 為天下谿，常德不離，復歸於嬰兒。
>
> 知其白，守其辱，為天下谷。
>
> 為天下谷，常德乃足，復歸於樸。
>
> 樸散則為器，聖人用之，則為官長，故大制不割。

【譯文】

知道自己剛強之處，但卻留心在自己的柔弱，可以做為天下的谿谷。

做為天下的谿谷，一般的德就不遠離，最後回歸於嬰兒。

知道自己的優點，但卻留心在自己的缺點，可以做為天下的谿谷。

做為天下的谿谷，一般的德就足夠了，最後回歸於未經雕刻的原木。

這些原木分散出去可以做成各種不同的器具，聖人利用這些器具，因為能掌握背後的「樸」，所以能做這些器具的主人。

可見各種不同的器具都來自相同的「樸」，所以有「道」的制度是不可以切割。

【說明】

19 世紀是中國最倒霉的時代，被西方的船堅炮利欺負到爆，更誇張的是，最後還被明治維新之後的日本打敗。當時中國最頂尖的知識分子提出各種救國方案，有「全盤西化」論，也有「中體西用」論。

於是，大清帝國花大錢買最好的船艦，建立北洋艦隊，以為這樣就變成強國，最後甲午之戰再敗於日本，證明你不知道這些船艦背後的「樸」，就無法成為這些船艦的「官長」。

清末兩廣總督張之洞（西元 1837～1909）提出「中學為體，西學為用」，不知道西方文明乃「大制不割」，不能割裂來學習。

學習西方國家不能「中學為體，西學為用」，那是因為不懂西方強國之所以強，是強在那些船堅炮利背後的「樸」，是強在他們國家社會背後運作的文化制度，要學習人家的「樸」，而不只是學習人家表面的皮毛，因為「大制不割」。

29 / 別想操控市場

> 將欲取天下而為之，吾見其不得已。
>
> 天下神器，不可為也，不可執也。
>
> 為者敗之，執者失之。
>
> 夫物，或行或隨，或歔或吹，或強或羸，或載或隳。
>
> 是以聖人去甚，去奢，去泰。

【譯文】

若你想拿下天下來做什麼事，我認為行不通。天下是神的器具，這種器具人做不起來，人也拿不起來，想做想拿的人最後都會失敗。

萬物都有它自己的定律：有時候跟隨你，有時候自己走，有時候強，有時候弱。

所以聖人去除極端行為，去除奢華行為，去除驕傲行為。

【說明】

「天下神器」的意思是「天下是神的器具」。老子說過「天地不仁，以萬物為芻狗；聖人不仁，以百姓為芻狗」（第5章），萬物和百姓都是用來當做祭神的工具。我們都會面臨苦難，有人「吃苦當做吃補」，活出生命的意義，充滿正面能量，這樣的生命用來祭神，神一定開心；但也有人怨天尤人，自暴自棄，充滿負面能量，這樣的生命用來祭神，神大概會很生氣。

既然老子說「天下是神的器具」，我們人類就不能隨意干預。老子講「天地」的時候是指「自然界的萬事萬物」，而「天下」就是「普天之下的百姓及與人有關的事物」。例如，「金融市場」應該就是老子的「天下」，但不是「天地」。

Bitcoins、外匯市場、股票市場、Uber、Amazon、Google、淘寶網、微信、臉書都是某種程度的「天下神器」，這種「天下神器」都不好搞，動不動就會受到各國政府各種政策的干預。

我們把本章的「天下」改成「市場」，就知道老子顯然
是自由放任市場的擁護者：「市場」神器，「不可為也，
不可執也。為者敗之，執者失之」。說得對極了！誰能
預測未來股市漲跌呢？

不過，老子也深知「自由放任」的缺點，必然造成貧富
差距加大，所以《老子》第 77 章講「天之道，損有餘
而補不足」，就是討論如何彌補「自由放任」的缺點。

「泰」有多重解釋，但此處肯定不是「國泰民安」的
「泰」，而是「倨傲、驕傲」之意，所以聖人才要去除。
例如，《論語‧子罕》「拜下，禮也；今拜乎上，泰也」，
「泰」就是驕傲之意。但請注意：老子在第 35 章：「執
大象，天下往。往而不害，安平泰」，此處「泰」是「國
泰民安」的意思，因為它跟「安平」一齊出現。

30 / 不可窮兵黷武

以道佐人主者，不以兵強天下，其事好還。

師之所處，荊棘生焉。

大軍之後，必有凶年。

善有果而已，不敢以取強。

果而勿矜，果而勿伐，果而勿驕，果而不得已，果而勿強。

物壯則老，是謂不道，不道早已。

【譯文】

以道輔佐主人的人，不可以軍事戰爭強迫天下服從。

戰爭這種事必然會有報應。軍隊所在之地，只能長出荊棘。

大戰之後，必然有難過的日子。

你做對了某些事，只是有成果而已，不敢因為這樣就去
強求這個「成果」。

得到成果之後，老子勸我們不可以驕傲、不可以自誇，
要有不得已而有成果的心態，不可自以為強大，因為「驕
傲、自誇」這些都是人性啊！

萬物只要達到最佳狀態之後，就要走下坡了，這不是實
踐道，不實踐道的事情都會提早結束。

【說明】

本章和下一章是老子的軍事理論，並不難理解。老子在
本章要求他的學生輔佐君王時，心念要正派，不可窮兵
黷武，不可好戰，這可說是軍事最高心法。沒有這個心
法，我們帶兵打仗的本事再厲害都沒有意義。

老子顯然也教學生軍事知識，但他的軍事主要用在自
衛，不在侵略，甚至禁止侵略。

我們要注意「善有果而已」這句話。老子顯然並不一味
讚揚「善」，他甚至說「不善人者，善人之資」（第
27章），「善」只是有「成果」而已，所以有了成果
也不必驕傲，因為老子說「道生之，德畜之，物形之，

勢成之」（第 51 章），他在第 9 章也說，我們做的任何事，若沒有「道」的允許，絕不能成就。所以「善有果而已」，而且也沒什麼好自傲的。

31 / 非不得已才動武

夫兵者，不祥之器，物或惡之，故有道者不處。

君子居則貴左，用兵則貴右。

兵者不祥之器，非君子之器，不得已而用之，恬淡為上。

勝而不美，而美之者，是樂殺人。

夫樂殺人者，則不可得志於天下矣。

吉事尚左，凶事尚右。

偏將軍居左，上將軍居右，言以喪禮處之。

殺人之眾，以悲哀泣之；戰勝，以喪禮處之。

【譯文】

軍事武力這東西，是不祥的器具，連東西都討厭它，所以有道的人不以軍事武力為基礎。

君子生活上以左為貴，動武時則以右為貴。軍事武力是不祥的器具，不是君子用的器具，非不得已才用它，而且最好用得又快又好又沒傷亡。

在軍事武力上的勝利並不美，如果有人刻意美化戰爭的勝利，就是以殺人為樂。

以殺人為樂的人，不可以有得天下的意志。

好事以左為主，壞事以右為主。

偏將軍在左邊，上將軍在右邊，將軍發的命令都要以喪禮那麼嚴肅來看待。

因為戰爭必然會殺死很多人，我們要以悲哀的心情看待，所以戰爭勝利也要以喪禮看待。

【說明】

本章也是老子軍事理論的中心思想：戰爭乃不祥之事，能免則免，不得已才參戰，戰爭勝利不可慶功，反而要以喪禮處之。

「夫兵者，不祥之器」這句話一定很重要，老子竟然在同一章寫了兩次。「夫兵者，不祥之器」的「祥」字，不可以翻譯成「吉祥」的意思，反而比較接近「慈祥」的「祥」，因為老子在第55章明確定義「祥」是「益生曰祥」，意思是「助人留下一線生機」。

請注意：老子極其討厭戰爭，但他並沒有主張「廢除軍隊」，反而還教我們：

「以正治國，以奇用兵」（第57章）、

「夫慈，以戰則勝」（第67章）、

「善戰者，不怒；善勝敵者，不與」（第68章）、

「用兵有言：吾不敢為主，而為客；不敢進寸，而退尺」（第69章）、

「禍莫大於輕敵」（第69章）、

「抗兵相加，哀者勝矣」（第69章）。

顯然，老子也教軍事理論，而且最高指導原則也是「道」。

老子說「君子居則貴左，用兵則貴右」。用兵要「貴右」是因為「凶事尚右」，「貴右」可以提醒我們「用兵」乃是「凶事」。

「右」乃是常用的方位，我們人類做事常用右手，右手的力氣也比較大，砍柴、殺魚、割肉主要用右手，蓋房、造橋、鋪路、插秧、繪畫主要也用右手，所以用「右」表示「人為、殺生」。

32 / 新制度經濟學

道常無名，樸[2]。雖小，天下莫能臣。

侯王若能守之，萬物將自賓。

天地相合，以降甘露，民莫之令而自均。

始制有名，名亦既有，夫亦將知止，知止可以不殆。

譬道之在天下，猶川谷之與江海。

【譯文】

「道」一般來說沒有名稱，像原木一樣質樸。「道」雖然藏在小地方，卻是威力無窮，普天之下沒有人能臣服於「道」。侯王若能保守這個「道」，萬物反而會臣服

---

2 樸雖小：舊脫。本章王弼注多言「樸」，據河上公《注》本、馬王堆《老子乙》增。

於侯王：天地互相調和，降下甜美的雨水，不用特別下令百姓就能雨露均霑。

我們把遊戲規則定好（始制有名），規則既然定好就好了（名亦既有），別再干預了，只要執行規則即可（夫亦將知止，知止可以不殆）。

例如，「天下」由「道」生之，就好像「江海」由「川谷」生之一樣。遊戲規則建立好了，市場就會自己玩，「萬物將自賓」。重點是「知止」，好的遊戲規則是儘量減少干預或例外的規則。

【說明】

「雖小」這個「小」，意思就是「小」，並不是用來表示「隱而不見」的意思。老子明確表示，「（大道）衣養萬物而不為主，常無欲，可名於小」（第 34 章）。他又說「見小曰明，守柔曰強」（第 52 章）。

經濟學之父亞當斯密 (Adam Smith, 西元 1723 ～ 1790) 在《國富論》中主張「自由放任，政府管得愈少愈好」，每個人都自私自利，市場就會有「一隻看不見的手」自行調整，結果卻達到整個市場最大福利（是不是跟「民

莫之令而自均」很像？），這是亞洲四小龍（台灣、南韓、香港、新加坡）的經濟發展的主流理論。

但香港著名經濟學家張五常（西元 1935 ～）說，經濟發展不一定要民主社會，只要介定好財產權制度（是不是跟老子說的「始制有名」很像？），減少交易成本（是不是跟「知止可以不殆」很像？），專制社會一樣也可發展經濟。

他進一步發展羅納德・寇斯（Ronald Coase, 西元 1910 ～ 2013）的產權理論及交易成本概念，主張只要產權得到完善界定，即可令資源最有效運用。寇斯在 1991 年獲得諾貝爾經濟學獎。他在授獎儀式的演講詞中，多次提到張五常對新制度經濟學的重要貢獻。

張五常的「新制度經濟學理論」主張界定財產權，其實老子早就提出「始制有名，名亦既有，夫亦將知止」的產權理論了。張五常在 80 年代提出這個理論時，還沒有很多人相信，但有一個集權國家去做了，那個國家就是中國。

2500 年前，老子的思考水平就已經達到這個水準了。我只能說，中國人若是能好好研讀《老子》，世界文明的大躍進絕不會是從西方開始。

33 / 要長壽，就要接受「死而不亡」的破壞

知人者智，自知者明。

勝人者有力，自勝者強。

知足者富。

強行者有志。

不失其所者久。

死而不亡者壽。

【譯文】

洞悉人心的人有智慧，洞悉自己的人有「自知之明」。

打敗別人的人有力氣，打敗自己的人叫「強」。

知道滿足的人才叫做富有。

強迫行為的人有意志。

不忘記自己所為何來的人撐得久。

細胞新陳代謝功能好的人壽命長。

【說明】

這章是很犀利的一章,尤其是「死而不亡者壽」這句話,古今中外 2500 年來沒有人能解釋清楚,有的甚至愈解愈玄,變成「玄之又玄」、長生不死(或不生不死)煉丹仙術的根據;還有某些大師解釋成「我們不執著生,就不會有死的問題」,請問這到底在講什麼呢?

2500 年後,我們有現代科學的知識,才知道老子講的不過就是簡單的「細胞新陳代謝」這件事。

例如:人體有 270 多種,約 60 兆顆細胞,人體平均每天大約死亡 10 億個細胞,生物學上正式名稱叫做「計畫性細胞死亡」(programmed cell death),或稱「細胞凋亡」(apoptosis)。凋亡中的淋巴細胞會被巨噬細胞吃掉,這種細胞新陳代謝功能好就會長壽,就叫「死而不亡者壽」。

細胞壽命完結之際,幾乎所有的細胞都會進行分裂,再產生新的細胞來補充,這是保持身體健康最基本的條件。人體就這樣不斷維持生命,這就叫「死而不亡者壽」。

構成人體的細胞也是生命體，壽命長短則因細胞種類而異。細胞代數學說（亦稱細胞分裂次數學說）認為，人體細胞相當於每 2.4 年更新一代。

小腸的營養吸收細胞壽命最短，從誕生到從絨毛頂端脫落死亡，只有短短的 24 小時，也就是只有一天的壽命。其他如：腸粘膜細胞的壽命為 3 天，胃的黏液細胞為 2 ～ 3 天，神經細胞為 4 ～ 6 週，血液中的紅血球細胞為 4 個月，肝細胞約 5 個月，血管的內皮細胞為 6 個月，腦與骨髓裡的神經細胞的壽命有幾十年。

但是，人體某種細胞的確有可能「不死」，那就是「癌細胞」。人體的癌細胞不會死，它會一直複製、增大，直到殺死人體，然後它自己也死亡，這叫「死而亡」。

我不知道 2500 年前老子是怎麼知道「細胞新陳代謝」就是「死而不亡」；就像我不知道老子是怎麼知道「萬物負陰而抱陽」（參考第 42 章）一樣，這樣的科學知識現在解讀起來一點問題也沒有，但問題是老子當時從何得知呢？

當然，老子最擅長的就是「見小曰明」。他總是能從觀察自然的小細節，推論出大道理，就像「死而不亡者壽」也蘊含很積極的意義一樣。在我們的生活中，「創造性的破壞」有時候是必須的，只要「死而不亡」，適度的破壞應該是必須的。我們真要長壽，就要接受一些「死而不亡」的破壞，這跟《老子》第40章說「反者，道之動」邏輯一致。

34／萬物不論大小，「道」都在其中

大道氾兮，其可左右。

萬物恃之以生而不辭，功成不有。

衣被萬物而不為主，可名於「小」；

萬物歸焉而不為主，可名為「大」。

以其終不自為大，故能成其大。

【譯文】

大道就像河水氾濫一樣，可以左右自己的方向。萬物依靠大道而生，大道並不推辭，成功了也不會占為己有，恩澤萬物卻不主宰萬物，這可以從萬物的小地方看出來（可名於小）；眾多萬物歸向他卻也不主宰萬物，這可以從歸於萬物的大方向看出來（可名為大）。

他最終並不自以為偉大，所以才能成就他的偉大。

【說明】

「道」有自主性，自己決定「左右」，是活生生的道。在第73章，老子還說「天之道」不只有「好惡」，還「不爭而善勝」、「不言而善應」、「不召而自來」、「繟然而善謀」。不要自以為是「天之道」，或是假冒「天之道」騙人，因為「天網恢恢，疏而不漏」。

怎樣知道「道」存在呢？老子說：「衣被萬物而不為主，可名於『小』；萬物歸焉而不為主，可名為『大』」，可見不論從「微觀、巨觀」或是「演繹、歸納」都可以見到「道」，「道」可以不斷「演繹」到最枝微末節、最細微的「萬物」（例如：夸克、原子或細胞內的遺傳基因 DNA 等），當然也可以從「萬物」不斷「歸納」出一條統合的原則，一樣也可以找到「道」。

老子很擅長這種絕活：先觀察一個自然現象，然後不斷歸納得到一個大道理。例如：第33章「死而不亡」得到「壽」這個道理，「飄風不終朝，驟雨不終日」得到「天地尚不能久，何況於人乎」的道理。

35 / 領導者要有遠見，則「天下往」

執大象，天下往。
往而不害，安平泰。
樂與餌，過客止。
道之出口，淡乎其無味，視之不足見，聽之不足聞，
用之不足既。

【譯文】

有遠見的人，天下都要跟從他。他不但不會害他們，反
而會給他們平安及舒適。

怎麼會害到他們呢？原來音樂與誘惑一出來，過客就會
停下腳步。所以有遠見的人不會用這些誘惑來吸引人跟
隨他。「道」講出口時，平淡無奇到沒有味道，但是看
也看不夠，聽也聽不完，用也用不盡。

【說明】

「執大象」是「有遠見」的意思，老子在本章講領導理論的重點：領導人必須有遠見（vision），大家就會來跟從。有遠見的領導人並不用「樂」與「餌」來引誘天下人，那會害了他們。

「道之出口」不是白話文的「出口」，而是「講出口」的意思。有遠見的領導人說話一開始平淡無味，但是卻深遠流長，看也看不夠，聽也聽不完，用也用不盡，所以才能「執大象，天下往」。

36／國之利器不可以示人

> 將欲歙之，必固張之；
>
> 將欲弱之，必固強之；
>
> 將欲廢之，必固舉之；
>
> 將欲取之，必固與之。是謂「微明」。
>
> 柔弱勝剛強。
>
> 魚不可脫於淵，國之利器不可以示人。

【譯文】

你想收斂什麼，就一定要一直擴張它。

你想弱小什麼，就一定要一直強化它。

你想廢除什麼，就一定要一直提出它。

你想拿走什麼，就一定要一直給予它。

這就是所謂「搏而不得」的聰明（微明）。

所以柔弱能勝過剛強。

魚不能離開水而活，可見柔弱的水勝過剛強的生命，所以國家剛強的利器不可以給別人看。

【說明】

本章重點在「國之利器不可以示人」。為什麼？因為柔弱勝剛強啊！我們把「國之利器」示人，別人就會防備，「微明」也就不「明」了，剛強就再也不剛強了。

老子之所以用「微明」這個詞，就是它是「搏之不得」的「明」（請參考第 14 章），是不能講出來的「明」，否則「必固強之」就不一定「將欲弱之」。因為不能講出來，本章最後才會說「國之利器不可以示人」，邏輯一致。

37 / 科技始終來自人性，問題是……

道常無為而無不為。

侯王若能守之，萬物將自化。

化而欲作，吾將鎮之以無名之樸。

鎮之以無名之樸，夫將不欲。

不欲以靜，天下將自正。

【譯文】

「道」一般來說不特意去做事卻什麼事都做。那些諸侯國王要是能遵守道，萬物將會自我演化，不需人操心。可是，一旦萬物自我演化時，人就會想要按照自己的私欲去干預它，此時應該想到那個連什麼名稱都還沒有的原木（無名之樸），用來鎮住這個私慾，這樣才能不去干預。

所以，我們讓自己安靜下來，不干預萬物的時候，就能引導天下到正確的方向。

【說明】

老子在本章清楚寫明人性有多自以為是！萬物有道在運作，當萬物「自化」時，我們人就會想要按照自己的私欲去干預它，例如利用遺傳學的知識把狗的腳改短一點，毛少一點；把西瓜變成無籽西瓜，基因工程改造就是一例。

人類的知識愈多，就應該愈「鎮之以無名之樸」，回歸還沒有取名的原木，否則可怕的事情會愈來愈多。

諾基亞的廣告詞「科技始終來自人性」說得一點也沒錯！但人性有許多問題啊！所以當「化而欲作」時，老子用「無名之樸」來鎮壓這個私慾。這個「無名之樸」相當厲害啊！它就是還沒做成各種器具的原木。

38 「禮」是亂源之首

上德不德，是以有德；

下德不失德，是以無德。

上德無為而無以為；

下德無為而有以為。

上仁為之而無以為；

上義為之而有以為。

上禮為之而莫之應，則攘臂而扔之。

故失道而後德，失德而後仁，失仁而後義，失義而
後禮。

夫禮者，忠信之薄，而亂之首。

前識者，道之華，而愚之始。

是以大丈夫處其厚，不居其薄；

處其實，不居其華。故去彼取此。

【譯文】

高等的德，以無德為德，所以有德。

低等的德，以不失德為德，所以無德。

這是因為，

高等的德是「無以為」的「無為」。

低等的德是「有以為」的「無為」。表面上看是無為，卻是刻意的無為，所以很具體。

高等的仁是「無以為」的「有為」。

高等的義是「有以為」的「有為」。

高等的禮是：如果做了什麼事卻沒人回應，就氣得想打人。

所以人間就是喪失了道才講德，失了德才講仁，失了仁才講義，失了義才講禮。所以禮是忠誠信實的德性中最薄的，也是亂源之首。

能夠有前面這樣的認識，就看到道的花朵，也是回歸樸實之愚的開始。所以大丈夫處於敦厚，不居於涼薄；重於內在，而非外表。所以去除那個而取這個。

【說明】

老子在本章毫不客氣批評了「禮」的概念，認為「禮」
是「失道、失德、失仁、失義」之後最差的東西，比「仁
義」都還差。因為「禮」定下很多規矩，不遵守就「攘
臂而扔之」，老子認為很不好。

這個「攘臂而扔之」是什麼動作呢？我猜大概像柔道一
樣的動作。整本《老子》只有本章和第 69 章「攘無臂，
扔無敵」有提到這個動作，應該是類似修理或打人的懲
罰動作。

老子說了這麼重的話來批評「禮」，對於追求「克己復
禮為仁」的儒家來說，幾乎是「儒道決裂聲明」，這是
我認為「儒」和「道」根本就是兩個對立學說、不能互
相引用的原因。

39 / 「人」妄想成為「道」的後果：「天裂、地廢、神歇、谷竭、萬物滅、侯王蹶」

昔之得一者：

天得一以清；

地得一以寧；

神得一以靈；

谷得一以盈；

萬物得一以生；

侯王得一以為天下正。

其致之也：

天無以清，將恐裂；

地無以寧，將恐廢；

神無以靈，將恐歇；

谷無以盈，將恐竭；

> 萬物無以生，將恐滅；
>
> 侯王無以正，將恐蹶。
>
> 故貴以賤為本，高以下為基。
>
> 是以侯王自稱孤、寡、不穀。此非以賤為本邪？非乎？故至譽無譽。
>
> 是故不欲琭琭如玉，珞珞如石。

【譯文】

古時候「與道抱一」的時候，天很清澈，地很安寧，神有靈動，谷有豐收，萬物有生生不息，侯王可以正派治天下。

不過，要是我們自己想成為「道」（其致之也），那反而會：天不但不能因此清澈，最後恐怕還會分裂！地不但不能因此安寧，最後恐怕還會荒廢！神不但不能因此靈動，最後恐怕還會歇息！谷不但不能因此豐收，最後恐怕還會枯竭！萬物不但不能因此生生不息，最後恐怕還會滅絕！侯王不但不能因此以正派治理天下，最後恐怕還會摔個狗吃屎！

所以「尊貴」要以「卑賤」為基本，才能「尊貴」；「高」要以「低」為基礎，才能「高」。

所以侯王都自稱「孤」、「寡」、「不穀」，難道這不是提醒自己要「以賤為本」嗎（老子在第 42 章還會解釋）？不是這樣嗎？所以最高的讚譽就是沒有讚譽，所以不要追求成為「水色飽滿」的美玉或是「閃閃發亮」的寶石。

【說明】

上一章批評「禮」之後，老子在本章接著強調「道」可以「得」、可以「為」，但不能「致」，一旦「致之」，老子預言會產生可怕的後果：天、地、神、谷、萬物、侯王全部翻臉，這和老子「道無為而無以為」、「上德無為而無以為；下德無為而有以為。」中的「無為」都是一致的。我們看看現在地球的環保議題，以及極端恐怖主義，只能感嘆老子真是先知。

我們來好好研究「致」這個字。除本章外，《老子》也在下列章節用「致」：
「專氣致柔」（第 10 章）、
「此三者不可致詰」（第 14 章）、
「致虛極」（第 16 章）。

上述章節用到「致」這個字，都是「導致、成為」的意思。
老子一向反對「人」妄想成為「道」，所以在本章強調
「致道」的嚴重後果：

天裂、地廢、神歇、谷竭、萬物滅、侯王蹶，果然一一
應驗。北極臭氧層的破洞不正是老子的「天無以清，將
恐裂」預言成真？

老子鼓勵我們，雖然「道」不可「致」，但可以「為道」、
可以「有道」、可以「抱一」，所以我們應該反省自己
是否基礎紮實。他才會在後段講「貴以賤為本，高以下
為基」，想成為「高貴」，就要以「下賤」為基本，如
此翻譯上下文義才邏輯一致。

40 / 心胸開闊，不怕「反者」，幫助「弱者」

> 反者，道之動；
>
> 弱者，道之用。
>
> 天下萬物生於「有」，「有」生於「無」。

【譯文】

相反的事物是道的行動。

弱小的事物是道的功用。

所以看見有人跟你意見相反，你要知道這可能是道在行動。

看見有人天生殘疾，你要知道這是道要在他們身上發揮功用。

天下萬物發生於「有」，但「有」生於「無」。

【說明】

本章很小，但不可小看。我們要研究這個「反」字。老子全書用了四個「反」字：

「遠曰反」（第 25 章）、

「反者道之動」（第 40 章）、

「與物反矣」（第 65 章）、

「正言若反」（第 78 章）。

字義似乎有由「返還」延伸到「相反」的現象，因為要走「相反」方向才能「返還」到原點，所以我採用「相反」的字義。

持守正道的人怎樣看待「跟自己意見相反」的事物呢？老子說那是「道之動」啊！不可以任意消滅或打壓它。《老子》第 25 章說：「吾不知其名，強字之曰道，強為之名曰大，大曰逝，逝曰遠，遠曰反。」所以「反」其實仍然是「道」啊！

所以千萬注意：「反者，道之動」與「禍福相倚」是兩回事。老子在第 58 章明確指出「禍福相倚」、「正復為奇」、「善復為妖」都是人不遵守正道造成，這種

循環才能迷惑人心那麼久！但是，「反者，道之動」的「反」必須仍然是「正道」。「禍」就是「禍」，「禍」與「福」是相反詞，但不是老子說的「反」。

如果我們行於大道，仍然要「禍福相倚」，那麼為什麼要行於大道呢？

老子說過「有無相生」（第 2 章），但從來沒說過「正反相生」這類不通邏輯的話！他頂多只是說「正言若反」（第 78 章），還特別說那只是「若」。

至於老子為什麼用「反」來表示「遠」，而說「遠曰反」呢？我猜想原因可能是甲骨文或金文時期殘存「遠」與「反」的字義關聯，根據日本漢字學者白川靜 (請參考他寫的《漢字百話》) 的研究：原來「遠」這個字出自死喪之禮「袁」，「袁」的甲骨文如下：

　　這個「袁」的甲骨文就像在死者踏上通往永遠旅途之際，要為死者準備行裝，在胸膛下方放環形玉，希望這塊玉可以提醒死者早日返還，所以有「返還」之意。

41／建德若偷：做好事要偷偷做，不要到處張揚

上士聞道，勤而行之；

中士聞道，若存若亡；

下士聞道，大笑之。

不笑，不足以為道。

故建言有之：

明道若昧，進道若退，夷道若纇。

上德若谷，廣德若不足，建德若偷，質真若渝。

大方無隅，大器晚成，大音希聲，大象無形。

道隱無名，夫唯道，善貸且成。

【譯文】

第一流的知識分子聽到「道」，會很勤快地去實踐它。

第二流的知識分子聽到「道」，只是了解卻不實踐，所以似有似無。

第三流的知識分子聽到「道」，不用了解就開口大笑。如果連笑都笑不出來，那沒資格稱為道。可見「道」是令人開心的。但是怎樣判別這樣是道呢？

所以老子有下列建議：

對於道來說，

當你真的明白道的時候，會反而好像愚昧一樣。

當你真的進步的時候，會反而好像退步。

當你感到道遠大到「視而不見」的時候，卻發現其實就在紡紗的線中。

有這些情況就表示你真的遇到道。

對於德來說，

第一流的德是虛懷若谷的德，德多到好像不夠，建立德行要像小偷一樣，貨真價實經得起考驗。

有道的方形並沒有邊角，有道的器具得花很多時間做好，有道的音樂發出「聽之不聞」的聲音，有道的遠見是沒有確切具體的形狀。

「道」隱藏在「無名」之中，只有這個道擅長於借別人東西來成就別人做事。

【說明】

本章不難懂，但看到「夷道若纇」、「大音希聲」時，一定要想到《老子》第 14 章定義的「夷」和「希」的意義。

「建德若偷」要解釋一下。老子的意思是我們在建立德行的時候要像小偷一樣，也就是說，我們做好事的時候要偷偷摸摸地做，不可到處張揚，因為「道隱無名」。許多大師在本章中無法有意義地解釋「偷」這個字，是因為不了解老子在本章中要表達的是「道」有隱藏的一面，一時之間可能不為人所理解，我們有時看到壞人不可一世或小人得志，但最後都會知道這背後都有「道」要成就某些事情的用意，這就叫「道隱無名，夫唯道，善貸且成」。

「善貸且成」的「貸」意思是「藉由、借道」，表示「道」做事情不一定直接來，他反而擅長藉由其他表面上看似不相干的「點」，最後卻可以連成一幅美麗的圖畫，但我們事先卻可能不知道。

另一個要解釋的是「質真若渝」，它的意思是：貨真價實，經得起時間考驗。「渝」是改變的意思，例如：此情不「渝」。一個東西的品質不論怎樣改變都是如此真實，就叫「質真若渝」。因為老子希望我們知道，我們一時之間不能理解的事，最後都必然明白這背後的道理，所以說這就是「質真若渝」。

我們常常講「疾風知勁草，板蕩見忠貞」、「真金不怕火煉」，就是比喻要經過困難重重考驗才能突顯出真正的不變的真實，這也是「質真若渝」。

42／《易》的宗旨不過就是「凡事不要太極端」而已

道生一，一生二，二生三，三生萬物。

萬物負陰而抱陽，沖氣以為和。

人之所惡，唯「孤」、「寡」、「不穀」，而王公以為稱。

故物或「損」之而「益」，或「益」之而「損」。

人之所教，我亦教之。

強梁者不得其死，吾將以為教父。

【譯文】

「道」產生一，一再生二，二又生三，三就可生萬物。萬物的組成都是原子負載陰性的電子而環抱陽性的質子，互相沖刷結合成為中性的分子。人最厭惡喪親、喪偶及糧荒，王公卻拿這三種厭惡來稱呼自己。所以萬物或是減少後增加，或是增加後減少，沒什麼了不起。別

人教的這種學問我也會教，這種知識的最高準則就是：逞強好鬥的人，下場就是不得好死！

【說明】

本章是老子唯一提到陰陽概念的章節，但是非常精彩！也是老子最容易被誤解的章節之一。每次我讀到這一章，都不禁莞爾一笑：老子竟然用「道」來解釋《易》，單刀直入又化繁為簡，實在令人拍案叫絕！《易》本來是占卜書，被儒家用來做為自然科學教科書，而且這個自然科學還可以擴大解釋到人生哲學。

《易》由三個陰陽爻組成八卦，再由八卦兩兩一對組成64卦，彼此又有錯卦、綜卦、序卦複雜得要命，解釋為人生哲理更是玄之又玄。因為難以解讀，各家學者又再寫《彖傳》（上下兩篇）、《象傳》（上下兩篇）、《繫辭傳》（上下兩篇）、《文言傳》、《序卦傳》、《說卦傳》、《雜卦傳》等篇章（統稱「十翼」）用以闡述、解釋《易》，結果本來應該很簡單的《易》，變成一個龐然大物的學問。

結果透過本章的說明，我們知道：八卦的三個爻，不過都由「道」生之，透過陰陽排列成 64 卦，用來解釋天地萬物。萬物有陰陽的原理在於：各種原子都有帶負電的電子環繞帶正電的質子，這就叫「萬物負陰而抱陽」，不同的原子帶著不同的「正電」或「負電」，所以可以互相結合，結合之後不帶電，才能形成穩定的「分子」，這就是「沖氣以為和」。2500 年前的老子學說竟然吻合現代物理學的原子說，令人不可思議！

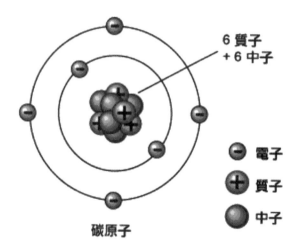

帶負電的電子包覆著帶正電的原子核，碳原子有 6 個帶負電的電子，原子核就有 6 個帶正電的質子，這就是「萬物負陰而抱陽，沖氣以為和」。（圖片來源：http://goo.gl/zLdA0z）

當然，整本《老子》沒有提到「易經」這個名稱，我認為他以「道」來解《易》也只是我個人推論。不過本章有太多巧合令我不能不如此推論。首先，八卦之中的每一卦都由三個爻組成，就是「道生一，一生二，二生三」，每個爻又分「陰陽」以象徵萬物，「損」、「益」又都是《易》64卦中的兩卦，更是一對綜卦（益卦與損卦互相錯綜，也就是卦象上下相反，就叫「綜卦」），難道不是在說《易》嗎？

損卦　山澤損。損，有孚，元吉，無咎可貞，利有攸往。曷之用，二簋可用享。

翻譯：減損，有誠信，則元吉；沒有罪咎而可以守正（站得住立場），有長遠的利益。要用什麼來供奉？簡單兩個盤子的食物就可供奉祭祀了。只要誠心，供奉簡單的兩盤祭品即可。

益卦　風雷益。益，利有攸往，利涉大川。

翻譯：增益，利於遠行，可以涉險度大河。（比喻可以涉險以行事，可以度過危險）

我猜想當時一定有很多老師（是否包括孔子？）都教授《易》，可能愈教愈玄，連老子都看不下去，試看老子後段說「人之所教，我亦教之。強梁者不得其死，吾將以為教父」，請注意老子說「人之所教，我亦教之」時，其實是有一點在貶抑那個「教」的內容，所以後面才會接「強梁者不得其死，吾將以為教父」；例如，老子講「人之所畏，不可不畏」（第20章）時，其實是在罵那個「畏」的內容，所以後面才會接「荒兮，其未央哉！」（荒唐啊！到底有完沒完呀！）。

老子認為《易》其實沒那麼複雜，它的宗旨（教父）不過就是：「凡事不要太極端」（因為強梁者不得其死）。

南懷瑾老師說的好：「《易經》六十四卦中，沒有一卦全好，也沒有一卦全壞，好中有壞，壞中有好。只有一卦比較起來算是六爻皆吉，那就是《謙》卦。所以佛家教我們學空，戒律上第一個要做到謙虛。試問幾個人做到了？自己反省一下，誰做到了？」（《如何修證佛法》）

老子似乎並不接受「天下合久必分，分久必合」、「好中有壞，壞中有好」、「禍福相倚」這一套含混模糊、邏輯不清的說法，他說這種說法是「不遵守正道」（其無正也）導致，造成「人之迷，其日固久」（第58章）。

43 / 「身教」勝於「言教」

> 天下之至柔，馳騁天下之至堅。
>
> 無有入無間，吾是以知無為之有益。
>
> 不言之教，無為之益，天下希及之。

【譯文】

天下最柔軟的東西，勝過天下最堅硬的東西。「不去佔有」才能不受空間限制，我是用這樣的方式了解「無為」的好處。「身教」及「無為」都是世人聽過但聽不懂也做不到的事。

【說明】

本章用字優美，意思也簡單。老子再度強調「不言之教」及「無為之益」的好處乃天下無敵！青少年為什麼會有叛逆期？你要他往東，他就往西。因為我們大人常常命

令小孩做一些我們自己都做不到的事，所以當小孩長大開始有自我意識之後，他當然處處跟我們作對！

什麼是「命令小孩做一些我們自己都做不到的事」呢？

很多啊！我們是不是要小孩多看書，結果我們自己都不看？我們是不是要求小孩不要打機，結果自己忙著回覆whatsapp 而忘了跟小孩聊聊天？我們是不是要求小孩認錯，結果自己犯錯時卻不願在小孩面前承認？小孩很聰明，不會沒看見父母的日常生活行為舉止，很清楚父母是否「說一套，做一套」。為人父母者不可不注意。

「天下之至柔」不就是你對孩子的愛嗎？一個簡單的擁抱，勝過打罵千萬！

44／全世界「感覺」最貴

> 名與身孰親？身與貨孰多？得與亡孰病？
>
> 是故甚愛必大費，多藏必厚亡。
>
> 故知足不辱，知止不殆，可以長久。

【譯文】

名聲與身體哪一個和自己最相關？身體與財富哪一個最重要？得到與喪失哪一個不好？

所以我們若很喜愛某種事物，最後必然耗費巨資。收藏愈多東西，被偷也愈多。所以我們若能知足就不會丟臉，知所進退就不會危險，才可保持長久。

【說明】

台灣名主持人曹啟泰在自傳《一堂一億六千萬的課》中說：全世界什麼最貴？「感覺」最貴！因為「感覺」沒

有客觀的評價標準，全憑喜好決定價格，所以最高明的行銷策略都是「感性訴求」的策略。人為了感覺被重視，可以花大錢買一個名牌包、一輛名貴轎車或一瓶絕版紅酒，這就叫「甚愛必大費」。

當然，「甚愛必大費」也可能是著眼於投資的考量，雖然花了 5000 萬人民幣買下趙無極的畫，但是兩年後能拍賣到 8000 萬人民幣，也算是非常好的投資，但前提是要拿出來賣掉啊！所以老子最後一句話才說要「知足」及「知止」，才能長久。

45／承認自己有缺點，才會沒有缺點

大成若缺，其用不弊。
大盈若沖，其用不窮。
大直若屈，大巧若拙，大辯若訥。
躁勝寒，靜勝熱。
清靜為天下正。

【譯文】

有道的成就就像有缺點一樣，這樣的成就沒有缺點弊端。

有道的滿盈就像沖刷的水流一樣，這樣的滿盈就不會窮盡。

有道的「直」就像彎曲一樣。

有道的「巧」就像笨拙一樣。

有道的「辯」就像木訥一樣。

「躁」勝過「寒」，「靜」勝過「熱」。清靜是天下正道之首。

【說明】

「大成若缺」很有智慧。我們必須承認自己的缺點，這才是「有道的成就」，不要自以為完美，受不了別人一丁點的批評。

老子常用「大」形容某些東西，本章尤其多：「大成」、「大盈」、「大直」、「大巧」、「大辯」，這時的「大」並非單純只是「大」，而是「道」，《老子》第25章就說：「吾不知其名，強字之曰道，強為之名曰大。」

我們要特別注意老子常用「A曰B」、「A之謂B」的句構定義某些特殊用字，都有特定意義，不可任意解釋。

如果一定要說老子重視什麼「功法」，那應該是「靜」的功夫吧？除本章以外，《老子》全書共有6章談到「靜」：

「孰能濁以靜之徐清？」（第15章）、

「致虛極，守靜篤」（第16章）、

「歸根曰靜」（第16章）、

「重為輕根，靜為躁君」（第26章）、

「不欲以靜，天下將自正」（第37章）、

「我好靜，而民自正」（第57章）、

「牝常以靜勝牡，以靜為下」（第61章）。

可見老子很重視「靜」。

「躁勝寒，靜勝熱」指的是：躁動可以勝過寒冷，跑操場三圈，什麼冷都不怕！心靜可以勝過酷熱，因為心靜自然涼。

46 / 禍患無窮啊！人性的貪婪

> 天下有道，卻「走馬」以糞。
>
> 天下無道，「戎馬」生於郊。
>
> 禍莫大於不知足；
>
> 咎莫大於欲得。
>
> 故知足之足，常足矣。

【譯文】

天下有道時，連拉車的馬都趕去幫忙耕田。

天下無道時，戰馬都在郊野生小戰馬。

禍害莫大於想得到的欲望。

所以知道足夠的那種「足」，就是我們一般常說的那種滿足。

【說明】

老子在本章用「走馬」和「戎馬」的遭遇來形容「有道」和「無道」，並不難理解。「走馬」就是用來拉車的馬，「戎馬」當然就是用來打仗的馬。

然而，「有道」與「無道」的原因很簡單，根源在於人性的「不知足」及「欲得」。「欲得」的意思是「想要得到的欲望」。從本章中，我們再一次看到老子對於人性的批評及不信任。但是請注意，老子批評的是「欲得」，而不是第1章的「有欲以觀其徼」，人本來就有欲，老子並不反對，這點要分清楚。

47 / 看透弦外之音，宅男也能耳聰目明

不出戶，知天下；

不窺牖，見天道。

其出彌遠，其知彌少。

是以聖人不行而知，不見而明，不為而成。

【譯文】

不必出門，也可以知道天下大事。

不偷看窗外，也能見到天道。

人常常出門遠行，走得愈遠，知道得卻愈少。所以聖人不必遠行也能知道，不看也能明白，不做也能成就事物。

【說明】

本章描寫聖人因為與「道」抱一，不必外求各種資訊，就算當個「宅男」也能知道天下大事，具體做法詳見《老子》以下的章節：

第1章區分「主觀」及「客觀」、

第14章「能知古始，是謂道紀」、

第16章「萬物並作，吾以觀復」、

第21章「吾何以知眾甫之狀哉？以此」、

第54章「吾何以知天下之然哉？以此」。

事實上，《老子》第21章說：「『道』之為物，自古及今，其『名』不去。」所以觀察「名」就可以知「道」；第34章又說：「衣養萬物而不為主，可名於小；萬物歸焉可名為大。」可見不論「小名」或「大名」，只要好好觀察，定能「萬物並作，吾以觀復」。

我猜想聖人因為可以「見小曰明」（第52章），所以能由小見大，雖然足不出戶，仍然能耳聰目明。

48 / 人生其實是「損之又損」的減法

為學日益，為道日損。

損之又損，以至於無為。

無為而無不為。

取天下常以無事，及其有事，不足以取天下。

【譯文】

做學問的話，每天一直增加知識。

實踐道的話，每天一直減少實踐。

減少再減少，到最後就只做「無為之事」。看起來沒做事，卻什麼事都做。

一般來說，你要用「無事」才能取得天下，等到你「有事」，那不足以取得天下。

【說明】

老子在本章說明，「學習知識」會讓人愈累積愈多。孔子靠自學和勤問成為一個百科全書式的學者，但是老子似乎認為「實踐道德」比「累積新知」更為重要，各種知識最高原理都是「道」，當我們愈來愈能「為道」時，就愈能除去「餘食贅行」，所以才說「為道日損」。

人生其實是減法，在世上的日子只會愈來愈少。台灣前立法委員羅文嘉說的好：「父母能跟你相處及說話的時間只會變少，孩子和你擁抱撒嬌的次數只會減少，你的體能也只會減少。這是自然法則，也是人生定律，誰也不能改變。」

49 / 別跟自己的孩子鬥氣

聖人無常心，以百姓心為心。

善者，吾善之；不善者，吾亦善之，德善。

信者，吾信之；不信者，吾亦信之，德信。

聖人在天下，歙歙焉，為天下渾其心。

百姓皆注其耳目，聖人皆孩之。

【譯文】

聖人的心不是一般的心，他沒有固定的刻板印象，他以百姓的心為自己的心。

某方面有天份的人，我善待他；沒有天份的人，我也善待他，這樣的德性就是「善德」。

有誠信的人，我對他有誠信；不講誠信的人，我對他也還是有誠信，這樣的德性就是「信德」。

聖人在天下時，雖然看起來很特別，卻會為了天下混合各方的心。百姓耳目關注聖人，聖人都把他們當做自己的小孩。

【說明】

「聖人無常心」的「常」，跟《老子》第1章「道可道，非常道」的「常」一樣，都要翻譯為「一般的」，不可翻譯成「聖人沒有固定的看法」，聖人又不鄉愿，也並非「人云亦云」、「見人說人話，見鬼說鬼話」的騎牆派，什麼叫「沒有固定的看法」？

老子說聖人「為天下渾其心」的意思是：聖人並不「孤芳自賞」或「顧影自憐」，為了天下他能和大家一起攪和，甚至成為大家的開心果，請參考《老子》第15章用「渙兮其若冰釋」及「混兮其若濁」來形容「古之善為士者」；這一點老子有時候自己都做不到，看看他在第20章「荒兮其未央哉」發的牢騷，說「眾人皆有以，而我獨頑似鄙。我獨異於人，而貴食母」。

「聖人皆孩之」才能「善者，吾善之；不善者，吾亦善之」及「信者，吾信之；不信者，吾亦信之」。為人父母都

知道，自己的小孩再怎樣「不善」或「不信」，都是自己的孩子，所以別跟小孩鬥氣。

我曾看過很多例子，當爸爸的上了火，指著孩子大罵：「你不聽話，就給我滾出去！有本事就別再進這個家門」，結果孩子真的甩門出去了，你猜最後誰最擔心，還得到處打電話找孩子回家？還不是那個爸爸！更慘的是，孩子很快就看破父母的手腳，更甚者作勢「自殘」，父母就只能乖乖就範。

明明教過好幾次，但孩子考試還是粗心又錯時，為人父母絕對不可以生氣，也不可以用上對下的語氣跟他說話，因為每個小孩都有他的使命（這就是「生而不有」），就算他全錯，他仍然是你的孩子。」

父母應該在乎的是小孩是否能感受到父母對他們的愛，而且也不必講出來或證明幫孩子們做了多少事（他們都知道的），這就是「為而不恃」。

我只想讓孩子把我當做是朋友，願意跟我分享他們的心事，而不用擔心我會嘮叨他們或批評他們哪裡又做不

好。孩子們終究會長大，父母不可以總是幫孩子做決定，這就是「長而不宰」。

50 / 生命總是在挫折和磨難中茁壯

出生入死。

生之徒，十有三；

死之徒，十有三；

人之生，動之於死地，亦十有三。

夫何故？以其生生之厚。

蓋聞善攝生者，陸行不遇兕虎，入軍不被甲兵；兕無所投其角，虎無所用其爪，兵無所容其刃。

夫何故？以其無死地。

【譯文】

人生就是由出生到死亡的過程。

人出生後，十個人中有三個能安養天年，另外三個人自尋死路，還有三個活動於危險之地卻仍然可以生存。為什麼會這樣呢？這是因為生生不息的生命力。

聽說擅長養生的人，走在陸地上不會遇到犀牛老虎，當兵不必披盔甲；犀牛無法用角刺傷他，老虎無法用爪抓傷他，敵兵無法用刀砍傷他。

為什麼會這樣呢？這是因為他早就適應「死地」的各項危險，就叫「無死地」，所以生生不息的生命力反而更加旺盛。

【說明】

「人之生，動之於死地」常常翻譯錯誤。這句話其實有很積極的意義：我們應該離開「舒適區」（comfort zone），勇敢接受挑戰，反而會生存得更好，所以後面才會接「以其生生之厚」。

猶太裔奧地利心理治療大師法蘭克（Viktor Emil Frankl, 1905～1997) 在納粹德國吞併奧地利後，被送進集中營，每天眼見猶太人輪流被送進毒氣室，不知何時會輪到自己。他發現，只有那些有強烈求生意志、知道為何而活的人才能夠支撐下去。其他意志崩潰的人最後竟然麻木於死亡威脅，還安靜排隊進毒氣室！

法蘭克說：「當人在苦難中發現意義的時候，痛苦在一定程度上就不再是痛苦。」（In some way, suffering ceases to be suffering at the moment it finds a meaning.）他發展出一套全新的心理治療模式，名為「意義心理治療法」（Logotherapy）。

成功學大師卡內基說：「苦難是人生最好的教育。」偉大的人格無法在平庸中養成，只有經歷熔煉和磨難，願望才會激發，視野才會開闊，靈魂才會昇華，人生才會走向成功。

生命，總是在挫折和磨難中茁壯。

51 / 要訓練孩子，尤其是忍受挫折、解決問題的能力

道生之，德畜之，物形之，勢成之。

是以萬物莫不尊道而貴德。

道之尊，德之貴，夫莫之命常自然。

故道生之，德畜之，長之育之，亭之毒之，養之覆之。

生而不有，為而不恃，長而不宰，是謂「玄德」。

【譯文】

道產生萬物，萬物內涵德行，物體塑造外型，趨勢成就事物。所以萬物沒有不尊敬「道」和珍貴「德」，不可命令「道」和「德」，而要遵循自然。

什麼叫遵循自然呢？道產生萬物，萬物內涵德行之後，我們要養大他、教育他、挫折他、訓練他、愛他、保護他。

但是千萬記得：

我們只是生他的人，卻不擁有他，這就是「生而不有」；
我們為他的付出和犧牲，萬萬不可以拿來說嘴，還自以
為多偉大，尤其在他面前，這叫「為而不恃」；
等他漸漸長大，就要讓他慢慢自己做決定，並且要尊重
他的決定，即便你明知道他的決定必然失敗都必須要尊
重，因為他年輕，犯錯是他的特權，這叫「長而不宰」。
這樣的道理很奧妙，所以叫「玄德」。

【說明】

本章讓我想到紀伯倫的一首詩：

你們的孩子，都不是你們的孩子，乃是「生命」為自己
所渴望的兒女。

他們是藉你們而來，卻不是從你們而來，他們雖和你們
同在，卻不屬於你們。

你們可以給他們以愛，卻不可給他們以思想，因為他們
有自己的思想。

你們可以蔭庇他們的身體，卻不能蔭庇他們的靈魂，因
為他們的靈魂，是住在「明日」的宅中，

那是你們在夢中也不能想見的。

——《先知·論孩子》紀伯倫

人以為生了孩子，就擁有孩子的所有權，愛、恨、虐、殺全都來了，反正孩子是我生的，都要聽我的。孩子若有什麼成就，就說自己教養有功，沾沾自喜。

其實，我們生的孩子並不是我們的，我們只不過幫「道」代管而已，這就是「生而不有」，要照著「道」來教育小孩。老子一再強調「道生之，德畜之」就是這個意思，他可沒說「人生之」。

精彩的來了，老子用「故道生之，德畜之，長之育之，亭之毒之，養之覆之。」把他的教育理念濃縮在短短一句話中。「亭之毒之」最容易誤解，「亭」就是「停」，是挫折，很好理解；「毒」是訓練，古代免疫醫學的做法之一就是讓人體吸收輕劑量的「毒」，如此可以對「毒」產生抗體，增加對「毒」的免疫力。據說比西方世界早幾百年的中國古代就是用這種方法預防「天花」，所以我翻譯成「訓練」。我們雖然要關愛小孩、保護小孩，但是也要訓練小孩，尤其是忍受挫折、解決問題的能力。

東晉葛洪（西元 284 ～ 364）寫的《肘後備急方》中的「療猘犬咬人方」，教人被狂犬病的狗咬傷後，殺死那只狂犬，把牠的腦組織敷貼在被咬的傷口上，便可以防治狂犬病，「殺所咬犬，取腦敷之，後不復發」。狂犬的腦中含有大量狂犬病病毒及病毒抗體，這種就是古代免疫學「以毒攻毒」的方法。

歷來《老子》的解經者不知其原理，翻譯「毒」這個字千差萬錯，讀者千萬小心。

「生而不有」之後，我們做父母的若要幫孩子做任何事，都是自己「歡喜做，甘願受」，千萬不能用來「證明」我們真的愛孩子，這叫「為而不恃」。

我見過一些父母在孩子不聽話的時候說：「媽媽特地提早下班趕過來看你表演，還差點被機車撞到，都是為了

你，難道這樣還不能證明我愛你？你為什麼還這樣不聽話！」拜託千萬不要這樣對孩子說話。「愛」只能被「感受」，從來就不能被「證明」。

當孩子漸漸長大，我們父母要明白應該要把做決定的主權交還給孩子，就算知道他會掉進前面的坑洞中，若他執意要走，也得要忍著心讓他跌倒一次，然後讓他學習靠自己爬起來，不要總是企圖主宰孩子的決定，或幫孩子安排好所有事情，這就叫「長而不宰」。

52／ 見小曰「明」，「道」藏在細節裡

天下有始，以為天下母。

既得[3]其母，以[4]知其子，

既知其子，復守其母，沒身[5]不殆。

塞其兌，閉其門，終身不勤。

開其兌，濟其事，終身不救。

見小曰「明」，守柔曰「強」。

用其光，復歸其明，無遺身殃，是為「襲常」。

---

[3] 得：原作「知」。據《古逸叢書》本、馬王堆本改。

[4] 以：原作「復」。據《古逸叢書》本、馬王堆本改。

[5] 身：原作「其」。據《古逸叢書》本、馬王堆本改。

【譯文】

天下一開始之後，就發揮生養萬物的母性。就像看到母親就知道小孩大概長什麼樣子；換言之，既然了解萬物，就可以回過頭來保守這個母性，這樣終身都不會危險。

阻塞天下的孔竅，關上天下的門戶，一輩子不會辛勞。

打開孔竅，參與許多事，一輩子沒救。

能詳察細節叫做「明」，能保守柔弱才叫「強」。用「道」發的光來回復道的清明，不留下禍害，這叫承襲不變的真理（襲常）。

【說明】

老子全書共用了兩次「襲」字，除了本章的「襲常」之外，在第 27 章還用了「襲明」（常善救物，故無棄物。是謂襲明），「襲」都是「承襲」的意思，表示「本來就有，只是承續接辦而已」。

「常」這個字老子用很多，共有 19 章用到這個字，85% 是當副詞使用，意思是「常常、一般來說、經常」；當名詞的時候只有三個章節：

第 16 章「復命曰常，知常曰明，不知常，妄作凶。知常容，容乃公」、

第 52 章「用其光，復歸其明，無遺身殃，是謂襲常」、第 55 章「知和曰常，知常曰明」。

我們透過分析這三章發現，老子對「常」的定義是：「復命曰常」、「知和曰常」，可見「常」當名詞的時候，意思是「恆常、不變、經得起時間考驗」，所以我把「襲常」翻譯成「承襲不變的真理」。

值得一提的是，「既知其子，復守其母，沒身不殆」可以和第 33 章「不失其所者久」相互輝映，原來「不失其所」的人可以長久的原因，就是「既知其子，復守其母」可以「沒身不殆」，有興趣的人可以回到該章複習一下。

53 / 幫助別人時也要特別小心

使我介然有知,行於大道,唯施是畏。

大道甚夷,而民好徑。

朝甚除,田甚蕪,倉甚虛;

服文綵,帶利劍,厭飲食,財貨有餘;是謂盜夸。

非道也哉!

【譯文】

假使我那麼有知識,走在大道上,幫助別人時也要特別小心。大道很不容易了解,看到了也是不明白,所以一般民眾喜歡抄捷徑。抄捷徑的後果就是沒人願意老實做事了:在朝廷上,只求可以快速升官發財、結黨營私、剷除異己;沒人願意辛苦生產農作,農地荒蕪;倉庫沒有糧食積存。大家都喜歡穿漂亮的衣服、配上鋒利的劍、喜歡做美食家、東西多到用不完,這真是大強盜,並不是「道」啊!

【說明】

這章的「介然」一開始就難倒一堆大師。有人說是「微小」的意思,我遍查先秦古籍卻從無此解。

「介」的甲骨文如下:

其實,「介」是一個穿著鎧甲的人,鎧甲則是用皮革或金屬前後相綴而成的戰衣。所以「介蟲」是「甲蟲」、「介胄武士」是「裝甲武士」。而後因為人在鎧甲之間,所以「介」引申為「處於兩者之間」的意思,例如「介入」、「引介」等等。

因此，「介然」的意思應該是「像鎧甲一樣堅實的樣子」。所以孟子說：「山徑之蹊間，介然用之而成路。為間不用，則茅塞之矣。今茅塞子之心矣。」（《孟子・盡心》）。

所以老子這句的意思應該是「假使我那麼有知識（別忘了老子跟孔子不一樣，他不喜歡別人說他很有知識），走在大道上，幫助別人或給人恩惠時也要小心」。

這牽涉到另一個關鍵字「施」。歷來大師們都把施解釋成歧路，認為「施」應該唸作「斜 (yi2)」。其實不用那麼麻煩的，因為「施」在老子那個年代，就是「施捨」、「幫助」、「給予」的意思。

老子行於大道的時候為什麼要小心施予別人恩惠呢？老子接著說：「大道甚夷，而民好徑」。

老子親自解釋「視之不見，名曰夷」（第 14 章），所以「大道甚夷」的意思應該是「大道很不容易了解，看到了也是不明白」，這樣解釋才能跟後面的「而民好徑」（所以一般民眾喜歡走小路）相呼應。

原來，大道很大，大到「視之不見」（注意，「視之不見，名曰夷」（第14章），這才是「大道甚夷」的意思），於是一般人就喜歡「抄捷徑」，坊間就有許多號稱「有知識的人」擁有各種法門可以在短期內幫助你「修煉得道」、「開天眼或神通」，利用這種抄捷徑的知識「施予別人恩惠」。我不知道老子說的是不是包括幫人算命、看風水、種生基、放符咒、施法術、下降頭或養小鬼？但是顯然老子要求有這類知識的人，首先要心存正念「行於大道」，其次要「唯施是畏」。所以，老子才會說，「使我介然有知，行於大道，唯施是畏」。

老子似乎不否認有人的確可以透過抄捷徑獲得某種「神通」，但卻明白警告我們沉溺於抄捷徑的後果就是「朝甚除，田甚蕪，倉甚虛」。沒人願意老實做事了：在「朝」廷上，只求可以快速升官發財，結果結黨營私，剷「除」異己；沒人願意辛苦生產農作，大家都在等農地重劃、都市更新，於是農地荒蕪、倉庫空虛。

「朝甚除」的「除」是很簡單的字，指的就是「除掉」，就是「幹掉政敵」。「朝甚除」也就是說「政府都在搞鬥爭」。在其他古文中都可見此用法，《荊軻刺秦王》：

「而燕國見陵之恥除矣。」《出師表》：「攘除奸凶，
興復漢室。」然而，有些大師把「朝甚除」解成「朝綱
廢弛」的意思，似乎太深奧。

對於這種教人「抄捷徑」的「自以為很懂大道的人」，
老子狠狠地罵他們是「大強盜」。老子說，這些人「服
文彩，帶利劍，厭飲食，財貨有餘；是為盜夸。非道也
哉！」

54 / 「修德」有層次，就事論事才能知天下

善建者不拔，善抱者不脫，子孫以祭祀不輟。

修之於身，其德乃真；

修之於家，其德乃餘；

修之於鄉，其德乃長；

修之於國，其德乃豐；

修之於天下，其德乃普。

故以身觀身，以家觀家，以鄉觀鄉，以國觀國，以天下觀天下。

吾何以知天下之然哉？以此。

【譯文】

擅於建造的人，他造的建築無法拔除。

擅於抱持的人，他抱的東西無法脫離，所以子孫得以祭祀不斷。

在自己身上修德，可以得到「真實的德」（真德）。

在家中修德，可以得到「留餘地的德」（餘德）。

在鄉中修德，可以得到「長久的德」（長德）。

在國中修德，可以得到「豐富的德」（豐德）。

在天下修德，可以得到「普及的德」（普德）。

所以我們要「以身觀身」、「以家觀家」、「以鄉觀鄉」、「以國觀國」、「以天下觀天下」，我就是用這種方法知道天下的樣子。

【說明】

這是《老子》唯一提到「修」的章節，而且還只是講「修德」，並不講「修道」，因為老子不認為那麼崇高及尊貴的「道」能被人「修煉」。

他講「有道」、「為道」、「執道」、「求道」，就是不講「修道」。他認為「道」只要「求」就有了 (第 62 章)，一旦要「修」，就必然有先後高下之分，必然有人被信徒供養，要是「修道」者最終目的是要那麼驕傲地成為「道」，「人」妄想成為「道」的後果就是「天裂、地廢、神歇、谷竭、萬物滅、侯王蹶」(第 39 章)。

但老子在本章說「德」可以「修」，主要目的是要讓我們可以站在別人的立場來看事情。我們看事情要就事論事、要客觀，要「以身觀身」、「以家觀家」、「以鄉觀鄉」、「以國觀國」、「以天下觀天下」，如果是要觀察「國事」，那就要「以國觀國」，不可以搞錯，變成「以身觀國」。

善於建造和抱持的人為什麼那麼厲害？因為他們懂得修德有不同層次：從自己到天下。「修之於身，其德乃真」很好懂。「修之於家，其德乃餘」是因為家人每天吃喝拉撒睡一齊生活，最容易起衝突，所以能修「互留餘地」的德。

同理，「修之於鄉，其德乃長」是從家人擴大到鄉親，這樣的「德」就有長久影響。「修之於國，其德乃豐」表示，修德擴大到國家，國家的組成更複雜，這樣的「德」必然很「豐富」。「修之於天下，其德乃普」表示，修德擴大到天下，這樣的「德」必然很能普及。

不過，老子似乎對「修」這件事很不放心。他認為「修德」也有問題，所以在下一章，老子甚至警告人「修德」到最後，容易「物壯則老」，會提早完蛋！

55 / 「修德」不能成為「道」

含德之厚，比於赤子。

蜂蠆虺蛇不螫，猛獸不據，攫鳥不搏。

骨弱筋柔而握固。

未知牝牡之合而朘作，「精」之至也。

終日號而不嗄，「和」之至也。

知「和」曰「常」，

知「常」曰「明」，

益生曰「祥」，

心使氣曰「強」。

物壯則老，謂之不道，不道早已。

【譯文】

人的「德」能有多厚？就拿嬰兒才比較吧！嬰兒被丟棄在野地，「蜂蠆虺蛇」這些怪東西不會叮咬他，猛獸不會占據他，猛禽不會抓走他。嬰兒筋骨軟，但是小手一直握得緊緊的；不知男女性事，但是性器勃起，這是「精」的極致；整天大哭，聲音也不會沙啞，這是「和」的極致。嬰兒可以有這樣厚的「德」，可見人可以修的「德」就應該更厚。我們可以修到多厚的德呢？

知道「和」，就叫「常」。

知道「常」，就叫「明」。

助人留下一線生機，就叫「慈祥」。

能以意念控制「氣」，就叫「強」。

但是「強」到極致之後，就是走下坡，所以不要以為「修德」可以成為「道」，那是「不道」，「不道」會提早完蛋。

【說明】

我們照顧過小嬰兒的人都知道，老子在這章描述的嬰兒狀況完全正確，小 Baby 的手的確都是握著包住姆指，就叫「骨弱筋柔而握固」，可見他的確觀察入微，這就叫「見小曰明」（《老子》第 52 章）。

至於「猛獸不據」則可以用「狼孩」的故事來說明，即人類嬰孩從小因某種原因被狼撫育長大。世界上已知由狼哺育的嬰孩有 10 多個個案。此外，人們還發現過熊孩、豹孩、猴孩以及綿羊所哺育的小孩。他們也和狼孩一樣，具有撫育過他們的野獸的那些生活習性。這些個案都說明野獸不但不吃人類嬰孩，還能養育人類嬰孩。令人驚訝的是 2500 年前老子就知道這件事了！

老子在本章告訴我們，「修德」有任何成果，也沒有什麼了不起，因為人類本來就有內涵深厚的「德」，他早說過「道生之，德畜之，物形之，勢成之」(第51章)。老子以他對嬰孩的觀察證明此論點。更何況，老子在上一章就說，「修德」主要目的是要讓我們看事情要就事論事，要「以身觀身」、「以家觀家」、「以鄉觀鄉」、「以國觀國」、「以天下觀天下」，沒有什麼好驕傲的。

本章也是《老子》全書第二次講到類似氣功的概念：「心使氣曰強」（第一次是第10章的「專氣致柔」），並且把氣功歸於「修德」的範圍，更警告那不是「道」。

老子上一次講到氣，是「萬物負陰而抱陽，沖氣以為和」，但那只是描述萬物的原子正負電子的狀態。他在這章首次肯定「意念可以控制氣」，這在現在的科學氣功研究也得到證實，只是老子並不看重「修德」或「練氣功」這點，反而警告我們「物壯則老，謂之不道」。這也再次證明老子不認為「修德」可以等同於「有道」。

這樣解釋的話，整章就通順了。否則何以前面說「知和曰常，知常曰明，益生曰祥。心使氣曰強」，然後後面接「物壯則老，謂之不道，不道早已」？

56 「玄同」：看似相同卻又不同

知者不言，言者不知。

塞其兌，閉其門，挫其銳，解其紛，和其光，同其塵，是謂「玄同」。

故不可得而親，不可得而疏，不可得而利，不可得而害，不可得而貴，不可得而賤。故為天下貴。

【譯文】

知道的人不講出來，講出來的人不知道。閉塞對外管道，關上門戶，挫平萬物的尖銳、解決萬物的糾紛、調和萬物的光芒、一同歸於塵土，這就叫「奧妙的相同」。這種「相同」不是一般的「同」，它看起來一樣，但其中大有奧妙：雖然得到「同」，但卻沒有「親、疏、利、害、貴、賤」，這才是天下最珍貴。

【說明】

身為一個知者，一個管理者，要做到「玄同」。人的組織必然有派系，一個好的管理者不在於完全消除派系，那不是「玄同」，而是讓各派系各安其所、各自競爭、百花齊放，讓每一個派系都互相競爭，卻又效忠一個管理者。

「玄同」並不透露主觀看法，所以抓不到它的親疏利害貴賤，稱為「親疏利害貴賤皆不可得」，所以才叫「天下貴」。如果什麼事都講出自己的主觀意見，那如何「玄同」？

老子用「知」表示「知道、知識」，也用「智」表示「聰明」，他說「知人者智」，可見這是兩個不一樣的字，不可以分不清楚。

「挫其銳，解其紛，和其光，同其塵」這句話在《老子》第4章形容「道」的時候用過，請回去復習一下。

57 / 法令管制愈多，鑽漏洞的人就愈多，百姓就愈窮

以正治國，以奇用兵，以無事取天下。

吾何以知其然哉？以此：

天下多忌諱，而民彌貧；

人多利器，國家滋昏；

人多伎巧，奇物滋起；

法令滋彰，盜賊多有。

故聖人云：「我無為，而民自化；我好靜，而民自正；我無事，而民自富；我無欲，而民自樸。」

【譯文】

治理國家要用正念，用兵打仗才要出奇招，不刻意做事才能取得天下。

我怎知道這樣的呢？因為：

市場不開放，而且還有許多禁令限制，百姓就更窮。

人擁有許多利害的器具，國家就愈來愈昏頭，自以為是。

人擁有許多科技，就會不斷發明更多新奇之物。

法令愈來愈多，盜賊也愈來愈多。

所以聖人說：「我不憑己意做事，百姓自己就會演化；我喜歡安靜不擾民，百姓自己就會行正路；我沒有什麼要百姓做，百姓自己就富有；我對百姓沒什麼欲求，百姓自己就會敦樸。」

【說明】

注意，聖人第一次講話了！整本《老子》中，聖人只在兩個章節中講過話，其他都是老子說「聖人如何如何」。第二句話在 78 章。聖人講話當然很重要，何況是第一次講話，講的內容就是如何以無事取天下。每次老子怕我們不懂的時候，聖人就會出來示範，甚至在本章出來講話。

老子贊成市場開放，不要干預。第 29 章說「天下神器，不可為也，不可執也」，第 32 章說「天地相合，以降甘露，民莫之令而自均」。本章更明確說「忌諱」就是市場禁令，禁令愈多，一般百姓就愈窮，而且鑽漏洞的人就更多（法令滋彰，盜賊多有）。

政府該做的就是第 32 章說的，定好遊戲規則（始制有名），規則定好就好了（名亦既有），就別再干預了（夫亦將知止，知止可以不殆），然後市場那隻「看不見的手」就會自我調整，讓整個市場福利極大，就是「民莫之令而自均」。

請注意，老子雖然說「人多利器，國家滋昏」、「人多伎巧，奇物滋起」，但他並不反對「利器」及「伎巧」或「奇物」，只要「以正治國」，我們都是「利器」、「伎巧」或「奇物」的主宰（老子用「器長」或「官長」形容）。所以他才會說「樸散則為器，聖人用之則為官長」（第28章），「不敢為天下先，故能成器長」（第67章）。

不要以為老子是個古板又守舊的老頭子。

58 / 只要你持守正道，會一直「福」下去，不會「禍福相倚」

其政悶悶，其民淳淳；
其政察察，其民缺缺。
禍兮，福之所倚；
福兮，禍之所伏。
孰知其極？其無正也。
正復為奇，善復為妖。
人之迷，其日固久。
是以聖人方而不割，廉而不劌，直而不肆，光而不耀。

【譯文】

政府施政著重基本，百姓就淳樸。

施政要是花招百出，百姓就缺德。

於是造成禍害倚靠在幸福旁邊，幸福潛伏在禍害後面。

這樣禍福循環到最後，誰知會怎樣？

就是因為我們不能持守正道，所以最後才又走向偏門（正復為奇，善復為妖），才會「禍福相倚」。人迷惑於禍福相倚的循環，這不是一天兩天的事了。

所以聖人方正而不割傷人，廉潔而不低俗，直率卻不放肆，光明卻不刺眼。

【說明】

大部分解釋老子這章「禍福相倚」，都認為老子提出這一點，是肯定「禍福相倚」是個真理，但我認為實情可能恰恰相反！

我不認為老子同意「禍福相倚」！我認為老子說的是：只要你持守正道，會一直「福」下去，不會「禍福相倚」！

「禍福相倚」這句話其實說了等於沒說，跟「天下合久必分，分久必合」一樣是廢話。難怪老子會說「熟知其極？其無正也」（誰知道最後會怎樣？這是因為沒有遵行正道啊！）。

因為「禍福相倚」的說法沒有意義，所以人就迷惑於這種循環，而且已經好長一段時間（人之迷，其日固久）。

老子認為，人之所以有禍，是因為「禍莫大於不知足；咎莫大於欲得」（第 46 章），是自己的貪念造成，是人性本惡造成。但是人通常不願承認「人性本惡」，於是用「禍福相倚」的循環來迷惑自己接受「災禍」的解釋。

因為不願承認是自己的人性之惡造成禍害，於是推說「是我上輩子欠他」，為什麼不說「是他下輩子欠我」呢？有什麼意義呢？

另外，把「其無正也」翻譯成「恐怕是沒有標準可循」是錯誤的！因為「正」不是「標準」，否則無法解釋下一句「正復為奇」的「正」，「正」就是「正道、正派」，語意與「奇」相反，這就是為什麼老子的「正」向來與「奇」對應。

至於怎樣行正道？就看聖人怎樣做：聖人要「方正」、「廉潔」、「正直」、「光明」，但又要「方而不割」、「廉

而不劌」、「直而不肆」、「光而不耀」，像聖人這樣實踐道，就會一直「福」下去！因為老子說「聖人不積，既以為人，己愈有；既以與人，己愈多」（第81章），愈有愈多，顯然愈來愈幸福啊！

另外，老子也說「天道無親，常與善人」（第79章），既然「常與善人」，又怎會有莫名奇妙的「禍福相倚」？

如果我們行於大道，最後仍然是「禍福相倚」，「幸福」了半天，結果「災禍」又緊跟而來，每天擔心「災禍」何時降臨，那算什麼「幸福」？又為什麼要行於大道呢？

59 / 凡事早做準備，才能長久

治人事天，莫若嗇。

夫唯嗇，是謂早服；

早服，謂之重積德；

重積德，則無不克；

無不克，則莫知其極；

莫知其極，可以有國；

有國之母，可以長久。

是謂深根固柢，長生久視之道。

【譯文】

管理人事及侍奉天道，沒有比「嗇」更重要的了。不過所謂「嗇」，並非吝嗇、小氣，而是為了早做準備，這就叫「早服」。「早服」的重點是「積德」，重視「積德」

則沒有不能克服的問題。沒有不能克服的問題則不知極限為何，這樣的人可以擁有一個國家。

所以，「嗇」是有國之母，可長可久，這也是打好基礎、長壽眼明之道。

【說明】

本章很容易解。老子主張統治階級在管理人事或侍奉天道一定要提早做準備，不能一下子就精銳盡出，後面毫無保留、毫無盤算，也不能走一步算一步。

你預先為小孩準備教育基金，所以現在用錢節省，這絕不是小氣，而是「早服」，老子所講的正是這種「嗇」。

請注意，「早服」的重點是「積德」，不是為了「損德」，例如預先為了下個月去澳門而準備賭博基金的這種「早服」，絕不是老子說的「嗇」。

60 / 我們拜的「神」，其實可能是「鬼」假扮的

> 治大國，若烹小鮮。
>
> 以道蒞天下，其鬼不神；
>
> 非其鬼不神，其神不傷人；
>
> 非其神不傷人，聖人亦不傷人。
>
> 夫兩不相傷，故德交歸焉。

【譯文】

治理大國就像烹煮小鮮那麼簡單。用道治理天下時，天下的鬼就無法偽裝成神來害人，不只鬼無法偽裝成神來害人，神本來就不害人，不只神不害人，聖人也不害人。雙方都不互相傷害，所以雙方的德行才能互相交流回歸。

【說明】

本章是老子唯一談論「鬼神」的章節，只是在「道」面前，「鬼」或「神」似乎都只是其中一個角色而已。

老子說：「用道治理天下時，鬼無法偽裝成神來害人。」，原來有許多「神」其實是「鬼」裝扮的：我們拜了很久的「神」，其實是「鬼」來的。我們之所以拜這些「神」，無非是這些「神」可以幫助我們趨吉避凶，消災解厄，說穿了還是很「利益交換」、很「現實」的。

不過，我們要知道「神」或「聖人」本來都不傷害人，應該與人的「德」互相交流、回歸大道。然而，「鬼」會常常偽裝成「神」來傷害、恐嚇或威脅人，以致於「人」離開「道」，而且漸行漸遠，更別說「德交歸焉」了。

我研究了「傷」這個字，整本《老子》只有這章和第 74 章「夫代大匠斲者，希有不傷其手矣」用到「傷」這個字，意思為「傷害」，所以「其神不傷人」解釋為「神不害人」。

61 / 大國最好低調、謙虛，用心處理「下流」的問題

大國者下流，天下之交，天下之牝。

牝常以靜勝牡，以靜為下。

故大國以下小國，則取小國；

小國以下大國，則取大國。

故或下以取，或下而取。

大國不過欲兼畜人，小國不過欲入事人。

夫兩者各得所欲，大者宜為下。

【譯文】

大國像河流的下游一樣，匯聚交會上游支流，就像生生不息的雌性一樣。雌性一般來說比雄性容易靜下心來，以謙讓處理事情。

213

所以當大國謙讓小國時，就拿下小國的人心。當小國不跟大國爭搶，就能取得大國的信任。一個是用不爭搶來謙讓，一個是用謙讓來不爭搶。

大國只是想生養更多人罷了，小國只是想生存過日子而已。大國應該謙讓，那麼大國小國就能各取所需，互相雙贏。

【說明】

老子在本章教導外交及國際關係的知識。他透析大國的原理，認為大國之所以大，就是生養眾多而成為大國，所以叫「天下之交，天下之牝」。

然而，大國因為生養眾多，人多狀況就多，治理 13 億人口的中國跟 500 萬人口的新加坡當然不同，這叫「大國者下流」，因為河的下流處雖然彙集各方水流，也同樣彙集各方污穢。

所以老子勸誡大國要學習「以靜為下」，因為「牝常以靜勝牡」。大國必須靜下心來謙虛地處理下流的各方污穢，如此「以下小國」才能「取小國」。

若是大國自己的國民都不敢喝自己生產的牛奶，然後大肆收購鄰近小國的奶粉，這樣如何能「取小國」呢？

老子曾經描繪他心中的烏托邦是「小國寡民」的狀態（第80章）。可能有人問他那小國如何與大國相處？老子認為，大國雖然不是他心中的理想國，但不代表大國就有錯。大國只是生養眾多，何錯之有？然而，小國也只是想生存過日子而已（不過欲入事人），沒理由就要被大國兼併，最好就像瑞士這樣，夾在德、法、義等列強之間，與眾列強保持友好，卻又不涉入列強之間的爭端。

62 / 如果我們不認罪，「道」要如何免除我們的罪呢？

> 道者，萬物之奧。
>
> 善人之寶，不善人之所保。
>
> 美言可以市，尊行可以加人。
>
> 人之不善，何棄之有？
>
> 故立天子，置三公，雖有拱璧以先駟馬，不如坐進此道。
>
> 古之所以貴此道者何？
>
> 不曰：求以得，有罪以免邪？
>
> 故為天下貴。

【譯文】

「道」是萬物的奧妙。

有天份者的寶貝，也是沒有天份者的保護者，因為「善」或「不善」都是「道」的安排。有人擅長講好聽的話，

可以當業務，有人擅長尊貴正派的行為，可以當眾望所歸的領導人。

人要是沒擅長的天份，也不可以因此放棄他。

所以政府設立天子及三公，行拱璧駟馬之禮，是希望可以不放棄任何人。其實這樣的方法還不如直接坐進這個「道」中。

古代人珍貴這樣的道，是什麼原因呢？

不是說：「凡求道，就會得道，認罪就會被赦罪」？

這可是天下最珍貴的了。

【說明】

老子在本章明確指出「道」並不是一個「沒有生機的東西」，「道」還會「保護」弱小，而且非常珍貴難得的是，只要我們求「道」就能得到「道」的回應，我們犯的罪就可以被赦免了（求以得，有罪以免邪）。

老子第一次用了一個有趣的字：「罪」。如果我們不能接受老子「人性本惡」的看法，又怎能理解「罪」呢？

關於「人性本惡」，老子曾用字如下：

「尤」（第8章：夫唯不爭，故無尤）、

「咎」（第9章：富貴而驕，自遺其咎）、（第46章：

咎莫大於欲得）、

「禍」（第 46 章：禍莫大於不知足）、（第 69 章：禍莫大於輕敵）。

本章是老子第一次用「罪」這麼嚴重的字。

可見，老子認為只要我們求「道」，就算那麼嚴重的「罪」也能「免」。老子沒有講「修道」，他講的是「求道」，我們請求「道」免除我們的罪，難道不需要先向「道」「認罪」嗎？難道不需要先向「道」承認我們「人性上的各種惡」嗎？我們若不承認我們有罪，那麼「道」要如何免除我們的罪呢？

也許有些人認為自己是個好人，也不殺人放火，平常也會捐錢做善事，或者讓座給老婆婆，何「罪」之有？其實，老子講的是「道德上的罪」，不是「法律上的罪」。這樣看，在完美的「道」面前，我們可是天天犯罪啊！

例如：明知道有租金收入就應該申報所得稅，但我們能不申報就不申報，最好政府永遠課不到我們的稅；明知道某些應用軟體要付費，我們就去盜版或是「越獄」（jail breaking）；明知道對方也是要合理利潤，我們卻還是

要把人家殺價殺得流血流淚。這些不都是我們常做，而且做了之後還沾沾自喜的事嗎？

我們的國家社會落後歐美日，難道與我們不能「求道認罪」沒有關係嗎？

63 / 不要忽視小事情或簡單的事情

為無為，事無事，味無味。

大小多少。

圖難於其易，為大於其細；

天下難事，必作於易，天下大事，必作於細。

是以聖人終不為大，故能成其大。

夫輕諾必寡信，多易必多難。是以聖人猶難之，故終無難矣。

【譯文】

在還沒什麼行為、事情、味道出現之前先搞定。大小多少要能分辨。

因為我們要在難題還很容易的時候就要思考如何解決難題。

要做好小細節才能做大項目。

普天下的難題是由簡單開始，普天下的大事是由小事開始。

所以聖人都不願先做大事，最後才能成就大事。

輕易承諾別人的人必然沒有信用；希望多點簡單，最後就多點困難。連那麼厲害的聖人都不敢忽視難題，那最後就沒有難題。

【說明】

本章和下一章都在補充《老子》第 57 章「以無事取天下」，不是教我們什麼事都不做就天下太平，沒那麼簡單！聖人之所以可以「我無為，而民自化；我好靜，而民自正；我無事，而民自富；我無欲，而民自樸」（第57 章）。表面上看，聖人什麼事都沒幹；實際上，聖人早就下足了功夫。

聖人不忽視任何看起來是小事或簡單的事情，因為如果這些小事都做不好，後面會惹出更大的麻煩，所以才說「是以聖人猶難之，故終無難矣」。

為什麼老子光挑味道（味無味）出來講呢？因為味道看不見也聽不到，若連味道都能在還沒出來之前就搞定，那真是高手！

64 / 千里之行，始於足下

其安易持，其未兆易謀；

其脆易泮，其微易散。

為之於未有，治之於未亂。

合抱之木，生於毫末；

九層之臺，起於累土；

千里之行，始於足下。

為者敗之，執者失之。

是以聖人無為，故無敗；無執，故無失。

民之從事，常於幾成而敗之。

慎終如始，則無敗事。

是以聖人欲不欲，不貴難得之貨；

學不學，復眾人之所過，以輔萬物之自然，而不敢

為。

【譯文】

萬物安定之時容易掌握，它們的預兆容易謀求對策，在它們還脆弱時容易改變，在它們還微小時容易散失。

做事要在還沒有事的時候做，管理也要在還沒有亂的時候管理。

要大家一齊才能環抱的巨木，生於一個小種子；九層高台，從土慢慢堆出來的；千里遠行，從一步一腳印開始。想成為天下並掌握天下的人必然失敗。所以聖人只做「無為之事」，所以沒有失敗；不去掌握天下，所以沒有失敗。

一般老百姓做事，常常到了快成功的時候卻失敗。要是他們像一開始就仔細謹慎的態度一樣來對待結局，就沒有失敗。所以聖人只想要人家不想要的東西，不珍貴天下難得的貨物；學習大家不去學習的學問，讓大家回頭承認自己犯的過錯，用來輔佐萬物保持自然狀態，不敢自以為是。

【說明】

本章很長，用詞優美，也容易懂，是跟上一章一樣用來補充聖人並非真的「以無事取天下」：

他「為之於未有，治之於未亂」，

他「欲不欲，不貴難得之貨；學不學，復眾人之所過」。
這些功夫任何人都比不上，不單如此，這個功夫還能一直「慎終如始」。

其中，「學不學，復眾人之所過」這句話是說：聖人學習大家不學習的學問，讓大家回頭承認自己犯的過錯（回復眾人的過錯），承認自己並非完美，需要「求道」來「有罪以免邪」（參考第 62 章），所以這個「大家不學的學問」就是「求道認罪」的學問。

這個「求道認罪」的學問真的沒人要學啊！因為要我自己認錯是最難的，何況承認「道德上的罪」？不信你回到本書第 62 章看看我們常犯的罪，就知道要自己認錯有多難。坊間多的是教導我們要「相信自己」、「對自己好一點」、「自己是自己最好的朋友」等等，但是很少教我們如何認識及對付自己的「罪」。

老子在第 58 章講「禍福相倚」這件事是人不走正道，造成「人之迷，其日固久」。人不願承認自己本性之惡是災禍之因，這就是本章說的「不學」，於是推說「禍

福相倚」。老子說聖人就來「復眾人之所過」，讓大家承認自己犯的過錯，聖人專門「學」這個眾人的「不學」，就叫「學不學」。

65／不要用「聰明」治理國家

> 古之善為道者，非以明民，將以愚之。
>
> 民之難治，以其智多。
>
> 故以智治國，國之賊；
>
> 不以智治國，國之福。
>
> 知此兩者，亦稽式。
>
> 常知稽式，是謂「玄德」。
>
> 「玄德」深矣，遠矣，與物反矣，然後乃至大順。

【譯文】

古代那些會實踐道的人，不是讓百姓變得更聰明，而是讓百姓變得愚直。

百姓難以管理，是因為他們小聰明特多。所以用小聰明治國是國家的壞蛋，不用小聰明治國是國家的福氣。

知道這兩個差別，才能拿捏兩者之間的分寸。

執政時常知道這種分寸的拿捏，就叫「奧妙的德」（玄德）。

「玄德」很深奧、愈走愈遠，與萬物相反，然後達到完全的順從。

【說明】

本章很具爭議，因為老子公然主張「愚民政策」。這沒錯！他的確說「古之善為道者，非以明民，將以愚之」。不過，我們要放到他的時空下去了解這個主張，而不是用我們的時空去解釋。在他那個階級明顯的時代，「民」只是「被統治階級」，是構成國家社會最底層的人物，包括《老子》都是寫給「統治階級」看。

老子有超越時代的偉大之處，不過也有受限於時代之處。

有了這層了解，我們才會知道「雞犬之聲相聞，民至老死不相往來」（第80章），是希望統治階級不要常去擾民；並非要百姓做宅男宅女，彼此不相往來。

因為提出「愚民政策」，老子在本章特別強調「智」的缺點！老子共有5個章節（包括本章）講到「智」，除

了第 33 章「知人者智」之外，其他 4 個章節的「智」
都有負面意思，本章尤其多。老子甚至說「以智治國，
國之賊」，可見他並不喜歡「智」。

何況，在老子中的「愚」有貶意嗎？恐怕不是。連老子
都自稱：

「眾人皆有餘，而我獨若遺。我愚人之心也哉！」（第
20 章）、

「道之華，而愚之始。」（第 38 章）。

可見這個「愚」字反而是一種境界，要翻譯成「愚直」
或「愚樸」。

老子共有 3 個章節提到「玄德」。第 10、51 章都說「生
而不有，為而不恃，長而不宰，是謂玄德」，本章出現
第二個定義：「知此兩者亦稽式。常知稽式，是謂玄德」，
原來能理解「以智治國」及「不以智治國」的差異也是
可做為一種典範，常常知道這種典範也叫「玄德」。

什麼叫「不以智治國」？國外例子很多，例如德國地鐵
乘客自己買票坐車，並沒有收票匣門；瑞士公車也沒有

收票機或錢箱，他們選擇「先」相信你是個品格高尚的人，不對你設防、不懷疑你，這就是「不以智治國」。

我們要注意「反」這個字。《老子》全書用了四次「反」：
「遠曰反」（第25章）、
「反者道之動，弱者道之用」（第40章）、
「玄德深矣，遠矣，與物反矣，然後乃至大順」（第65章）、
「正言若反」（第78章）。

可見老子很看重「反」，我們面對逆境時，千萬不要急於對抗它或消滅它。這些逆境很可能是「道之動」，只是我們一時之間難以理解而已。我們要做的就是「順從」而已。這就是為什麼老子在本章說「玄德」又深、又遠、又與物反矣，然後才到「大順」，這個「順」就是「順從」，不是「順利」的意思！而「大順」就是「有道的順從」。

66 / 領導者要廣納諫言，以身作則

> 江海所以能為百谷王者，以其善下之，故能為百谷
> 王。
> 是以聖人欲上民，必以言下之；
> 欲先民，必以身後之。
> 是以聖人處上而民不重，處前而民不害。
> 是以天下樂推而不厭。
> 以其不爭，故天下莫能與之爭。

【譯文】

江海收納了所有山谷流出的水，可以成為百谷之王，是
因為江海總是位在山谷的下游。

所以聖人想處在百姓之上，必然要謙虛地廣納諫言；想
處在百姓之前，必然要先以身作則。

所以聖人處在百姓之上而百姓不覺得重，處在百姓之前而百姓不會害他。

所以天下樂於推薦他而不討厭他。

這是因為聖人不爭搶，所以天下都無法跟他爭。

【說明】

本章是老子重要的管理理論：管理層的權力來自「廣納諫言」（這就是「言下之」的意思）及「以身作則」（這就是「身後之」的意思），受人愛戴，不能只是高高在上，享受支配下屬的權力。

老子在上一章提到「愚民政策」。他大概很怕有人真的按照字面意義，故意把國民弄成白痴，永保政權安康，所以在這一章用「江海」及「百谷」的比喻，勸勉管理層要「謙卑」：「欲上民，必以言下之；欲先民，必以身後之」。

領導者居上位，部屬不會覺得領導者太重；居首位，部屬不會想取而代之來害他；更甚者，「以天下樂推而不厭」，這才是成功的領導者。聽說丹麥女王自己上超市

買東西。丹麥人隨時可以上網查閱丹麥皇室主要成員的
預算明細，早就實現「處上而民不重」的理想。

本章要與第35章「執大象，天下往」一起看。「執大象」
點出領導者最重要卻也最難的條件：要有遠見。但是，
第35章並沒有提供細節，本章及上一章就有老子這方
面的精闢教導。

天下皆謂我：「道大，似不肖。」

夫唯大，故似不肖。

若肖，久矣其細也夫！

我有三寶，持而保之：

一曰慈，二曰儉，三曰不敢為天下先。

慈故能勇，儉故能廣，不敢為天下先，故能成器長。

今舍慈且勇，舍儉且廣，舍後且先，死矣！

夫慈，以戰則勝，以守則固。

天將救之，以慈衛之。

【譯文】

天下都說我講的道太大了，好像什麼都不像。這是因為太大，所以什麼都不像。若是大道像什麼東西，久了之後大道就會愈來愈小了。我有三個寶貝，持有他而保護他，分別是慈悲、節儉、不敢做天下第一個。慈悲才能有勇氣，節儉才能真正大方，不敢做天下第一個才能成主宰器物的人。

今天捨棄慈悲只講勇敢，捨棄節儉而大方慷慨，捨棄保守而爭首位，完蛋了！

這是因為：以慈悲作戰則勝利，防守做得好才能穩固。天會救你，用慈悲保護你。

【說明】

老子在本章傳授三個寶貝：慈悲、節儉、不敢為天下先。前面兩個不難理解，但是為什麼「不敢為天下先」也是寶貝？如果老子「不敢為天下先」，那麼老子是否反對「創新」？

我認為老子並非反對「創新」，因為「不敢為天下先」這句話要和下一句的「故能成器長」一齊看才知道它是在講「治國三寶」：原來「慈」是「國防」，「儉」是「財

政」,「不敢為天下先」是「內政」。難怪老子在本章一開頭就說「道大,似不肖」,他講「三寶」其實也是在講「道」!

什麼是「器」呢?《老子》共有九章提到「器」,但只有第28章講到「器」的由來:「樸散則為器,聖人用之,則為官長」。

回到第57章,老子認為只要「以正治國」,我們都是「利器」、「伎巧」或「奇物」的主宰(老子用「器長」或「官長」形容)。領導人「以正治國」,當然不能萬事為天下先!政策不能講求噱頭,這個沒做過就做做看,因為公部門的政策牽涉公眾利益甚廣,必須要有確定性及延續性,否則就像改來改去的教改一樣,最後證明是個災難。

68 ╱ 「不爭」，才能夠「用人之力」

善為士者，不武；

善戰者，不怒；

善勝敵者，不與；

善用人者，為之下。

是謂不爭之德，

是謂用人之力，

是謂配天之極也。

【譯文】

擅長做為「士」的人，不輕易動武。

擅長作戰的人，不輕易發怒。

擅長勝過敵人的人，不輕易表態。

擅長用人的人，能謙下。

這叫不爭搶的德行。

這叫用人的力量。

這叫配得上天的極限。

【說明】

「善為士者」的「士」是跟「上士聞道，勤而行之」的「士」是一致的，都是古代知識分子的統稱。不過，周朝的「士」不只是知識分子，也是貴族、武士的統稱。只會唸書的書生，在周朝時連被稱為「士」的資格都沒有。

老子強調過很多次「不爭」的重要。他說：

「夫唯不爭，故無尤」（第8章）、

「水善利萬物而不爭」（第8章）、

「夫唯不爭，故天下莫能與之爭」（第22章、第66章）、

「天之道，不爭而善勝」（第73章）、

「聖人之道，為而不爭」（第81章）。

但是老子之前並沒有說清楚「不爭」的內容包括什麼？

經過本章的說明，我們知道老子說的「不爭之德」不只是「不爭搶」而已，原來還包括了「不輕易動武」（不

武）、「不輕易發怒」（不怒）、「不輕易表態」（不與）、「能謙下」（為之下）的德性。

我們能做到「不爭之德」，才能夠「用人之力」，才能夠資格享受「天之極」。至於什麼是「天之極」？老子沒講，我也不想亂猜。

69 / 「慈」要發揮威力，必須不能輕敵

用兵有言：「吾不敢為主，而為客；不敢進寸，而退尺。」

是謂行無行，攘無臂，扔無敵，執無兵。

禍莫大於輕敵，輕敵幾喪吾寶。

故抗兵相加，哀者勝矣。

【譯文】

有個兵法是這樣的：「我不敢主動侵犯攻擊別人，只被動防衛自己；不敢前進一寸，反而後退一尺」。

這樣的兵法不需行軍，不需手臂自衛，不需武器攻擊敵軍，甚至不需士兵就能打贏。

因為禍害沒有比小看敵軍更大。

小看敵軍幾乎會喪失我的三寶。

所以兩軍對陣，自衛者勝利。

【說明】

這個「抗兵相加，哀者勝矣」後來竟然演變成「哀兵必勝」，這完全失去老子原意，也跟第一句「吾不敢為主，而為客；不敢進寸，而退尺」沒有關聯。「哀兵」不是「假裝求饒示弱、可憐的兵」，而是「自衛而不侵犯別人的兵」。

「禍莫大於輕敵，輕敵幾喪吾寶」的「吾寶」指的就是第 67 章「慈、儉、不敢為天下先」這三寶中的「慈」，因為「慈故能勇」、「夫慈，以戰則勝，以守則固。天將救之，以慈衛之」，可見「慈」的無窮威力！

但是，老子在本章警告：「慈」要發揮威力，必須不能輕敵！兩軍對抗，動不動就搞慈悲，不是笨蛋嗎？所以老子說：小看敵人，自己可能連命都沒了，還講什麼慈悲（輕敵幾喪無寶）？

這才符合「哀兵」的真正意思，一個「自衛而不侵犯別人的軍隊」，又不「輕敵」的軍隊，怎麼會是「假裝可憐的軍隊」呢？

70 / 聖人被褐而懷玉，別用外表判斷別人

吾言甚易知，甚易行。
天下莫能知，莫能行。
言有宗，事有君。
夫唯無知，是以不我知。
知我者希，則我者貴。
是以聖人被褐而懷玉。

【譯文】

我的話很容易了解，也很容易實踐。

但天下卻不能了解，也不能實踐。

我的話自有根據，我做的事自有邏輯。

只有「不知道而以為自己知道」的人，才會不想了解我。

不過，了解我的人很希少，以我為模範的人就很珍貴。這就是為什麼聖人被著褐色破衣但懷中藏美玉的原因，因為這樣才能真正看出誰真的了解我。

【說明】

本章很容易理解，老子自己說他的話很容易懂，證明《老子》並非玄祕之學，只要能打開第 1 章的「眾妙之門」，後面的章節就可以一一解開。

「夫唯無知，是以不我知」需要解釋一下。老子基本上喜歡「無知」，這個「無知」的意思是「不自以為知道」，前幾章的「無知」都是此義；但是本章的「無知」，是「不知道而以為自己知道」的意思。由於老子在這裡用了另外一個「無知」的意思，他怕我們誤解，所以在下一章更詳細解釋。

老子在 6 個章節用到「希」這個字，其中最關鍵在第 14 章「聽之不聞，名曰希」，是第一次特別定義「希」的意思。老子隨後在第 23 章「希言自然」、第 41 章「大音希聲」都是「聽之不聞」的意思。但是在之後的章節如第 43 章「天下希及之」、本章「知我者希」及第 74

243

章「夫代大匠斲者，希有不傷其手矣」都是「很少聽過、稀有、稀少」的意思。

「聖人被褐而懷玉」這句話很優雅，也被用來做為「擇主策略」，戰國時代馮諼彈長鋏大叫「長鋏歸來乎」，不就是用來測試孟嘗君？別看人家穿便宜的衣服就輕看他，他懷裡可能藏著美玉呢！

71 / 不知道，卻以為自己知道

> 知不知，尚矣；
>
> 不知知，病也。
>
> 聖人不病，以其病病。
>
> 夫唯病病，是以不病。

【譯文】

知道自己不知道，這樣還好。

不知道而以為自己知道，這樣就有問題了。

聖人沒有問題，因為他知道自己有這樣的問題。

只有自知有這樣的問題，才不會出問題。

【說明】

本章跟上一章要一齊看。老子在上一章說他的教導很容易知道，也很容易實踐，但事實上天下人卻很難了解及實踐；本章就說明造成這種情況的原因在於人總是受限於自己的知識，自以為自己的知識才正確。

我們常常「不知道卻以為自己知道」，老子說這是一種「病」，聖人把這樣的「病」當成自己也可能生的「病」，所以聖人才不會得這種「病」，這就是「聖人不病，以其病病」的意思。

關於這點，孔子看法與老子一致。孔子告誡子路說「由！誨汝知之乎？知之為知之，不知為不知，是知也」（《論語・述而》），意思就是「子路啊！告誡你的事你知道了嗎？知道就說知道，不知道就說不知道，這才叫知道」。

72 / 百姓不能安居樂業，下一代又沒有希望，則麻煩大了

民不畏威，則大威至。

無狎其所居，無厭其所生。

夫唯不厭，是以不厭。

是以聖人自知不自見，自愛不自貴。

故去彼取此。

【譯文】

百姓不怕威嚇，這才是真的威嚇。

不讓百姓住家太窄小，不讓百姓的下一代沒有希望。

只有不厭棄百姓，百姓才能不厭棄我們。

所以聖人有自知之明而且不愛現，自愛而不自以為驕貴，所以去除那個取這個。

【說明】

本章繼續談論「施政方針」。老子說，我們所管理的民眾如果連我們的威嚇都不怕，那表示我們就會有很大的麻煩，這才是真正對我們的大威嚇。

身為統治者，如果連百姓的居住問題都搞不定，如果連百姓都覺得他們的下一代被厭棄而沒有希望，則再大的威嚇都沒有用，這就叫「官逼民反，民不得不反」。香港惡名昭彰的「劏房」（又叫板間房），是一種把一間正常三房兩廳的房屋，隔成 10 間小套房出租，每間小套房可能只有 3 坪大，卻擠著一家三代，真沒有聽進老子「無狎其所居」的要求！

的確，我們可以吃苦的主要原因之一是下一代可以不必像我們一樣再吃苦，如果連這個希望都沒有，又流離失所，無以為家，那肯定造反！史證歷歷。

73 / 任何事都有「天之道」的美意，「天網恢恢，疏而不漏」

> 勇於敢則殺，勇於不敢則活。
> 此兩者，或利或害。
> 天之所惡，孰知其故？
> 是以聖人猶難之。
> 天之道，不爭而善勝，不言而善應，不召而自來，
> 繟然而善謀。
> 天網恢恢，疏而不失。

【譯文】

勇於敢則出人命，勇於不敢則有生機。

「殺」或「活」到底哪一個有利或有害？「天之道」到底討厭哪一個？我們也不知道。所以聖人面對這點也難以處理。天道不爭搶卻擅長得勝，不用講話就有回應，

不用請帖召集就自己來，直率卻擅長謀略。天道就像網一樣，雖然網格稀疏卻不漏失。

【說明】

還好老子寫了這一章，我們才知道原來「天之道」是活生生的「道」：

他有好惡（天之所惡）、

他不爭搶但擅於贏取（不爭而善勝）、

他不講話但擅於回應（不言而善應）、

不用召喚他就自己來（不召而自來）、

他做事都有他的謀劃（繟然而善謀）。

這個活生生的「天之道」做任何事都有他自己的想法，是「殺」是「活」，或「利」或「害」，可能一年半載都沒有人知道為什麼他要這樣，有時候連聖人都難以明白他的意思，但是我們要知道任何事都有他的美意，因為他「繟然而善謀」。

所以我們實在要小心這種「天之道」的「天威難測」。任何執政者都不能自以為是「天之道」的化身，更不能

假借「天之道」的名義「私心自用」，因為「天網恢恢，
疏而不失」。

74 「常有司殺者殺」，行政不能干預司法

> 民不畏死，奈何以死懼之？
> 若使民常畏死，而為奇者，吾得執而殺之，孰敢？
> 常有司殺者殺。夫代司殺者殺，是謂代大匠斲。
> 夫代大匠斲者，稀有不傷其手矣。

【譯文】

百姓都不怕死的時候，你用死來恐嚇百姓有用嗎？要是常常讓百姓害怕死亡，還以此為治國妙招的人，我一定把他抓來處死，誰敢這樣做就試試看！殺人這件事是有正當權力的人來做的，你要是踰越自己的本份去殺人，就是代替木匠去砍樹。凡代替木匠砍樹的人，很少不會砍傷自己的手。

【說明】

老子在本章說了整本《老子》最重的話：「吾得執而殺之」，老子竟然嗆聲要殺人？這個人幹了什麼事氣得讓老子想殺他？原來統治者若是喜歡用奇招威脅殺害百姓，讓百姓時時生活在死亡的恐懼威脅之下，老子想殺死這樣的統治者。

老子認為，殺害百姓生命的權力不可以交給執政者，應該由另外一個專責部門來擁有這個權力。如果執政者自己就有百姓的生殺大權，最後一定會傷害到自己。

這個想法實在偉大！老子的意見不正是近代「司法」獨立的想法嗎？「司法」才能判定人民的生死，「行政」部門不可以擁有「司法」大權，像包青天那樣自己是調查案情的行政官員，又兼司法法官判人生死，雖然可以更有效率令惡人伏法，大快人心，但是完全依賴包青天之英明判案、不思長久制度運作，也是匪夷所思，難道包青天都不會犯錯嗎？難道他不會死嗎？下一個包青天會跟他一樣英明嗎？

75 / 百姓的問題其實是統治者造成

> 民之飢，以其上食稅之多，是以飢。
>
> 民之難治，以其上之有為，是以難治。
>
> 民之輕死，以其上求生之厚，是以輕死。
>
> 夫唯無以生為者，是賢於貴生。

【譯文】

百姓肚子餓，是因為在上位的人徵稅太多。百姓很難管理，是因為在上位的人一直有所做為。百姓不怕死，是因為在上位的人貪生怕死。

只有那些不把物質看得比生命還重要的人，才是比珍貴生命更賢能的人。

【說明】

老子在本章強調，統治者必須自我反省，許多百姓的問題其實是統治者造成，例如：統治者徵稅過重、統治者以智治國又亟思有所作為（《老子》第 65 章說這種統治者是「國之賊」）、統治者貪生怕死；這些都是因為統治者為了維護自己的生活所幹的「鳥事」，當統治者不幹這些「鳥事」的時候，才叫「賢於貴生」。

請注意，老子在第 65 章曾說「民之難治，以其智多」、「以智治國，國之賊也」；現在在本章又說「民之難治，以其上之有為」，綜合而言，老子的意思可說是「統治者憑恃自己的聰明治國，想盡辦法做政績，才是百姓難以治理的原因」。

我們還可以複習第 66 章「聖人處上而民不重，處前而民不害。是以天下樂推而不厭」，可見老子再三告誡統治者：要學江海一樣是「百谷王」，要廣納諫言，以身作則，因為許多管理問題其實是統治者的問題，並非「民之難治」。

76 / 兵強則滅，木強則折

人之生也柔弱，其死也堅強。

草木之生也柔脆，其死也枯槁。

故堅強者死之徒，柔弱者生之徒。

是以兵強則滅，木強則折。

強大處下，柔弱處上。

【譯文】

人活著的時候全身柔軟，死亡後全身發硬。草木活著的時候柔脆，死亡後乾枯。所以堅強的人是找死，柔弱的人才有活命的機會。

所以軍力強大則可能覆滅，樹木堅硬則可能被砍下來做器具。

強大的層次比較低，柔弱的層次比較高。

【說明】

老子觀察大自然的現象發現，不只是人，草木生物都是活著的時候柔軟，死掉就僵硬，於是他學到：「堅強者死之徒，柔弱者生之徒」，再據此推論「兵強則滅，木強則折」，然後做出「強大處下，柔弱處上」的結論，這就是老子說的「見小曰明」。

老子在本章再次告誡執政者，不要自恃軍力強大，可見老子有多在意這一點。

近年來，中醫養生理論強調「柔軟」，因此有「拉筋」、「撥筋」、「拍打」各種運動保健方法，香港名中醫朱增祥說「筋長一寸，壽延十年」，都是應驗老子「堅強者死之徒，柔弱者生之徒」的觀察。

77 / 徵稅做社會福利乃「天之道」

天之道，其猶張弓與？

高者抑之，下者舉之；

有餘者損之，不足者補之。

天之道，損有餘而補不足。

人之道則不然，損不足以奉有餘。

孰能有餘以奉天下？唯有道者。

是以聖人為而不恃，功成而不處，其不欲見賢。

【譯文】

天道不是像射箭一樣嗎？

處在比目標高的地方就要向下射，比目標低就向上射。

去除多餘，補充不足，這是天之道。

但是人之道就不是這樣：

人之道是不夠的還被拿去添加給已經足夠的人。

258

誰能把自己多餘的分享給天下呢？只有有道的人能做到。

所以聖人做了事卻不自傲，成功卻不邀功，因為他不願給人看到他的賢能。

【說明】

本章有很濃厚的社會主義精神，非常重要，因為整本《老子》強調「為無為」、「以無事取天下」（請復習本書第 57 章）。統治階級只要放任市場自由開放即可，最後「功成事遂，百姓皆謂我自然」，聽起來很資本主義。不過，我們透過本章的說明可知，老子認為「人之道」還必須在「天之道」下，施政大綱才能圓滿。

老子在本章第一次用了「人之道」的稱呼，原來「道」也分「天之道」及「人之道」；請注意：老子並沒有否定「人之道」。他認為「人之道」是把有限的資源獎勵給那個表現最好的人，藉此形成一個激勵制度，這就叫「損不足以奉有餘」，但可能造成「貧者愈貧，富者愈富」。

因此，統治者的國家政策要遵從「天之道」：「損有餘而補不足」，這就是「課稅」做社會福利的理論基礎。統治者讓一般民眾採用「人之道」，提供誘因獎勵表現優異的人，但國家必須遵從「天之道」，利用「課稅」來「損有餘而補不足」。

如同上一章一樣，老子在本章又表演一次「見小曰明」，他這次觀察，「天之道」就像張弓射箭一樣：站在比目標高的地方就要向下射，比目標低就要向上射。於是，老子學到「天之道」也是如此：「有餘者損之，不足者補之」。

可見，老子也深知自由放任主義的弊端，沒有「天之道」的調節，最後必然造成貧富／強弱差距愈來愈大，為政者不可不注意！

78 / 想當領導人，就必須承受舉國上下的骯髒及倒霉

天下莫柔弱於水，而攻堅強者莫之能勝，以其無以易之。

弱之勝強，柔之勝剛，天下莫不知，莫能行。

是以聖人云：

「受國之垢，是謂社稷主；受國不祥，是謂天下王。」正言若反。

【譯文】

天下最柔弱的東西莫過於水，但攻擊堅強的東西也沒有比水更屬害的，這是因為東西沾了水就移不開水，只能吸乾或曬乾它。

弱勝過強，柔勝過剛，天下都知道這個道理，但都做不到。

所以聖人說：「接受全國污垢的人可以做社稷的主人；接受全國倒霉事的人可以做天下的王。」如果反過來說也是對的：如要當社稷主，就要接受全國的污垢；如要當天下王，就要接受全國倒霉事。

【說明】

本章說柔弱的「水」很厲害，再堅強的東西都比不上，原因是「以其無以易之」，不能翻譯成「原因是沒有什麼東西可以替代水」，這句話的真正意思是：水之所以可以勝過堅強的東西，是因為東西沾了水就移不開水，才叫「無以易之」，那個「易」是「移動、更換」的意思。

「易」在老子全書用了 11 次（包括本章在內），除了本章之外，都是做「簡易」的意思。因為「易」在本章做動詞，意思是「改變、更換、移動」。《論語‧微子》說有一次孔子要子路向正在耕田的長沮、桀溺問路，結果這兩個人反而質疑孔子說：「雄辯滔滔的人到處都是，但誰真的有能力改變呢？」（滔滔者天下皆是也，而誰以「易」之？），這裡的「易」是動詞，意思是「改變、更換、移動」，不是「替代」的意思。

「正言若反」並不是「正話講得像反話一樣」，這是故弄玄虛、胡說八道的翻譯；而是「反過來說也是對的」。本來說「受國之垢」的人可做「社稷主」，而「正言若反」就是要當「社稷主」，就要「受國之垢」。

本章的重點就是聖人講的「受國之垢，是謂社稷主；受國不祥，是謂天下王」。聖人在《老子》全書只開口講過兩句話，本章是第二句，非常重要。第一句是第 57 章「我無為，而民自化；我好靜，而民自正；我無事，而民自富；我無欲，而民自樸。」

本章揭示領導理論的重點：想當「社稷主」或「天下王」，就必須承受舉國上下的骯髒及倒霉。

79 / 老子反對「以德報怨」

和大怨，必有餘怨；
報怨以德，安可以為善？
是以聖人執左契，而不責於人。
有德司契，無德司徹。
天道無親，常與善人。

【譯文】

和解了極大仇恨之後，必然還有剩餘的仇恨。以德報怨
怎麼可以當成好事呢？所以聖人拿著借據但不向人討
債。

有德的人管理借據，沒有德的人最好管理稅收。

天道沒有偏愛，只是常常站在好人這邊。

【說明】

老子在第 77 章說「天之道，損有餘而補不足」，在政府職能中的「財政賦稅功能」做的大概就是類似「損有餘」的事；而「社會福利功能」做的大概就是類似「補不足」的事。

老子在本章說的「執左契」就類似在政府部門負責發送社會福利給百姓。發送社會福利就像借錢給百姓一樣，目的是希望百姓可以生活在更均富、更安樂、不需恐懼貧窮困頓的環境中，所以社會福利必須有目標，不能亂花錢。

這就是為什麼老子在本章教我們要保留借據，不可打馬虎眼。他可沒叫我們丟掉借據，心情好就叫人不用還，因為「報怨以德，安可以為善？」，但不要去討債，因為社會福利不能討債！

所以老子才會認為，「有德者」應該負責發送社會福利，才不會私心自用，叫做「有德司契」；沒有這種德行的人，可以負責財政賦稅收入，反正該怎麼課稅，就怎麼追稅，這叫做「無德司徹」，各司其職。

「徹」是 10% 的稅制。《論語・顏淵》就有魯哀公問有若如何充實國庫，有若建議用 10% 的「徹」來徵稅，結果魯哀公這個傻蛋還抱怨說 20% 都不夠，怎麼用「徹」？

哀公問於有若曰：「年饑，用不足，如之何？」有若對曰：「盍徹乎？」曰：「二，吾猶不足，如之何其徹也？」對曰：「百姓足，君孰與不足？百姓不足，君孰與足？」

80 / 你有多久沒有親筆寫信問候朋友呢

小國寡民。

使有什伯之器而不用，

使民重死而不遠徙。

雖有舟輿，無所乘之。

雖有甲兵，無所陳之。

使民復結繩而用之。

甘其食，美其服，安其居，樂其俗。

鄰國相望，雞犬之聲相聞，民至老死，不相往來。

【譯文】

小國寡民最好。讓百姓有便利工具卻用不到，看重死亡而不遷移遠方，雖然有車船及軍隊卻都用不到，讓百姓回復到用結繩來記事。

讓百姓吃的食物很美味，

讓百姓穿的衣服很漂亮，

讓百姓住的房屋很安穩，

讓百姓過的習俗很有趣。

小國之間互相守望，彼此可以聽到雞犬之聲，百姓到老死都不必跟政府往來。

【說明】

本章也許受人批評，老子描述的烏托邦有多麼不切實際！現代社會怎麼可能「民至老死，不相往來」？怎麼可能叫百姓不用電腦，不搭地鐵，用結繩記事取代文字？開什麼玩笑。

其實，「民至老死，不相往來」並非指「各國的民一輩子不互相往來」，那幹麼又叫百姓「結繩」？「結繩」不也是一種「往來」嗎？不合邏輯啊！我認為，老子要表達的是指政府與百姓最好永遠不要往來，執政者最好永遠不要打擾百姓，這樣解釋才合乎《老子》全書的宗旨。

老子希望他的學生如果有一天執政或「以道佐人主」時，可以朝這個目標走。

那麼這個目標好不好？老子並沒反對擁有「什佰之器」，只是希望儘量不去用它。什麼是「什佰之器」？智慧型手機就是「什佰之器」。把電話、電腦、照相機、錄影機、錄音機、掌上型遊戲機、GPS 衛星導航、地圖、購物、付款、音樂隨身聽、視頻隨時看……「十種」、「百種」功能全部整合在一齊的器具，就是老子說的「什佰之器」。

人有了「什佰之器」之後，生活更方便有效率，但許多問題也浮現：智慧型手機讓人更無時無刻不在工作，黑莓機的電郵讓你幾乎沒辦法好好度假休息。你有多少臉書的朋友是你真正常面對面講話的朋友？

當「關心朋友」變得像按「讚」那麼容易的時候，當「祝你生日快樂」變得那麼容易的時候，當分享心情變得那麼容易的時候，你覺得你跟朋友的關係變得更深刻了嗎？

我不知道你是怎樣，但我嚴格自我要求：只要我旁邊有我認識的人（尤其是親人），我一定不在他面前滑手機，

尤其跟人家吃飯的時候，很沒有禮貌；如果不得已一定要看一下手機，一定先跟對方打聲招呼才查看。

電子郵件當道，很少人提筆寫信了，郵差先生送的也絕大多數都是商務信件。你有多久沒有親筆寫信或打電話問候朋友了呢？所以老子才說「使民復結繩而用之」，這樣的理想不好嗎？

另外，不要以為老子只以簡樸為美學。從本章看來，老子也樂見百姓可以「甘其食，美其服，安其居，樂其俗」。所以，當他看到「舌尖上的中國」這種美食文化節目時應該會很開心。

聖人本身「為腹不為目」（《老子》第 12 章）、要「去甚，去奢，去泰」（《老子》第 29 章），但老子並沒有要所有百姓也如此，因為我們不是聖人。

81／付出愈多，得到愈多

信言不美，美言不信。
善者不辯，辯者不善。
知者不博，博者不知。
聖人不積，
既以為人，己愈有；
既以與人，己愈多。
天之道，利而不害；
聖人之道，為而不爭。

【譯文】

真理不漂亮，漂亮的不是真理。

好人不為自己辯白，為自己辯白的不是好人。真正知道
的專家知識不廣博，知識廣博的人不是真正知道的專家。

聖人不為自己積存。他既然帶領人，自己就得到愈多人。

他既然幫助人，自己就得到愈多。

天之道是給予利益卻不害人。

聖人之道是做事，卻不與人爭搶。

【說明】

老子在最後一章做了總結。寫了 5000 字之後，老子說他講的可能不夠花俏漂亮，不過「信言不美，美言不信」；他也無意為自己辯白，因為「善者不辯，辯者不善」；老子要你知道雖然他的知識稱不上廣博，但他是真正知「道」的專家。

這裡的「知者」不能解釋為「有智慧的人」，因為老子講「智慧」的時候，用的就是「智」這個字，很清楚；再者，「有智慧的人」不能「知識廣博」嗎？「智慧」跟「知識」根本是「橘子」跟「香蕉」，兩者無法對比。

老子本章講的「知者」就是鑽研某種學問的人，因為專於某種學問，當然就「知者不博」。這樣解釋也符合老子在前章說「為學日益，為道日損」，因為老子「為道」，當然不會追求知識廣博。

請回頭參考《老子》第 56 章「知者不言，言者不知」的「知者」，也是指「知道的人」，而非「有智慧的人」，這是一致的。

老子說他是真正知「道」的專家，寫下一篇 5000 字的小作品，留傳天下，分享後世。老子最後解釋他這麼做的原因是「聖人不積」，也藉以告訴讀者：我們給得愈多，得到就愈多！因為天之道是「利而不害」，聖人之道是「為而不爭」。

這個「利」和「爭」兩個字讓我們回想《老子》第 8 章「上善若水，水善利萬物而不爭」，可見「天之道」就是「聖人之道」，聖人是天道的化身，是人的模範。但人只能學習聖人，不能成為聖人。

以「聖人不積，既以為人，己愈有；既以與人，己愈多」做為結尾，老子再次證明了「禍福相倚」的錯誤：「己愈有」和「己愈多」都是幸福啊！而且是一直幸福下去，怎麼會有禍呢？如果按照「禍福相倚」的理論，當我們享受「己愈有」和「己愈多」的幸福之後，應該就要害

怕，因為「禍」就要來了！這實在不合理 (請復習第 58
章)。

後　語

寫完這本書之後，我的心情只能用「舒暢」二字形容。希望您看完本書也有相同的感受，如果您仍然不同意我的觀點，沒關係，您就當我瘋言瘋語吧！

回想那些寫作的日子，老子就像我的老朋友一樣，一字一句地向我解釋他的意思，我只是記錄下來而已，然後震驚於他的先知。

他的「道」在中國先秦諸子中最為特殊：墨家理想太過崇高而難免非人性，儒家把希望寄託在「人性本善」的恢復，法家認為設立嚴刑峻罰是對付「人性本惡」的唯一有效良方，只有老子認為法律沒有用（「民不畏死，奈何以死懼之？」），我們要「從心做起」，先承認我們並不完美，才是對付「人性本惡」的根本之道。

如果人性本惡，又不能修道（第 55 章）或做聖人（第 19 章），我們該怎麼辦呢？首先，我們應該「致虛極，守靜篤」（第 16 章），要靜下來思考自己本性的缺陷（第 12、46 章），對比完美尊貴的「道」（第 4、10、14、15、21、25、32 章），拯救之道就是祈求「道」免除我們的「罪」，這就是「求以得，有罪以免邪」（第 62 章）。

我們常常自以為是，連主觀客觀都分不清，承認自己不完美（參考第 1、7、45 章），才能追求完美（第 71 章）。

我們知道人性有問題，就會「處無為之事」（第 2、63、64 章），否則就會「妄作凶」（第 16、39 章）。

我們了解「道」才能決定成功與否（參考第 9、25、29、34、41 章），就不會自傲（第 24、30 章），才能「功成弗居」（第 2 章）。

如果守正道就會一直幸福下去，那麼為什麼有時候守正道的人還會有苦難？一輩子好人卻為何屢遭不幸？讀完《老子》之後，我們知道這是為了向世人彰顯「道」的慈愛（第 5、33、50、73 章），所以要學會順從（第 65

章），「道」會保護我們，因為最後「天將救之，以慈衛之」（第 67 章），而且「天道無親，常與善人」（第 79 章）。

在「道」和「聖人」的指導下，我們努力「修德」（第 54 章），像水一樣「善利萬物而不爭」，又處在低下骯髒之處（第 8、78、81 章）。我們如果能做到這些，那麼這個世界距離老子心中的理想就不遠了。

2500 年後，那個當年西出函谷關的老子也許又回來中國，也許中國已成為一個「民至老死，不相往來」的國家。雖然景色依舊、人事已非，然而我相信在他頭上仍然是眾星的天空，在他心中也還有道德的法則。

而我，只歡喜於做一個傳話的僕人。

信念（22）

不一樣的老子

建議售價‧300元

國 家 圖 書 館 出 版 品 預 行 編 目 資 料

不一樣的老子 / 僕人康著. -- 初版. -- 臺中市：
白象文化, 民104.11
　面；　公分. --(信念；22)
ISBN 978-986-358-194-9（平裝）
1.老子 2.注釋
121.311　　　　　　　　　　　104009548

作　　　者：僕人康
校　　　對：僕人康
特約美編：陳秋蓉
專案主編：林榮威
出版經紀：徐錦淳、黃麗穎、林榮威、吳適意、林孟侃、陳逸儒
設計創意：張禮南、何佳諠
經銷推廣：何思頓、莊博亞、劉育姍、王堉瑞
行銷企劃：張輝潭、劉承薇、莊淑靜、林金郎、蔡晴如
營運管理：黃姿虹、李莉吟、曾千熏
發 行 人：張輝潭
出版發行：白象文化事業有限公司
　　　　　402台中市南區美村路二段392號
　　　　　出版、購書專線：（04）2265-2939
　　　　　傳真：（04）2265-1171
印　　　刷：基盛印刷工場
版　　　次：2015年（民104）十一月初版一刷

設計編印

白象文化｜印書小舖
網　　址：www.ElephantWhite.com.tw
電　　郵：press.store@msa‧hinet‧net